JN107170

WindowScape

［北欧編］

名建築にみる窓のふるまい

東京工業大学 塚本由晴研究室　編

FILM ART
フィルムアート社

公益財団法人 窓研究所は、窓文化創造をめざし国内外の
大学・有識者と協働し学際的な研究活動「窓学」に取り組んでいます。
本書は「民族誌的連関と産業社会的連関にまたがる窓」（2016-2019年）と題して
東京工業大学 塚本由晴研究室が実施した窓学の研究成果をもとに刊行されました。

グンナール・アスプルンドによる窓のスケッチ、
ストックホルム（1905–08）
所蔵：ArkDes

Woodland Cramatorium

森の火葬場

Paimio Sanatorium

バイミオのサナトリウム

Vestersøhus Apartment

フェスター湖通りの集合住宅

Summerhouse in Stennäs

ステナス夏の家

Fredensborg Houses

フレデンスボーハウス

St Peter's Church

聖ペトリ教会

SAS Royal Hotel

SASロイヤルホテル

Studio Aalto

アアルトスタジオ

目次

　2007年から始められた窓の調査は、これまで3冊の書籍にまとめられています。最初の『WindowScape──窓のふるまい学』では窓の形式の違いを生む背景として、気候と宗教の組み合わせを考え、人口が密集するユーラシア大陸の南の縁の東西にわたって伝統的な窓から現代建築家による窓までを採集し、窓に集まる自然要素のふるまいと人のふるまいの観察から、文化・慣習を色濃く映した窓のあり方を明らかにしました。続く『WindowScape2──窓と街並の系譜学』では、形式を共有する窓が通り沿いに反復されて街並みが形成されることを、窓のコモンズとしての現れと考え、世界遺産となっている街などの、街路に面して反復する窓の集合としてのふるまいを観察し、社会制度や生産体制の変化を吸収しながらも一貫性を崩さない、窓と街並みの関係を系譜学的に明らかにしました。さらに『WindowScape3──窓の仕事学』では日本の手仕事の現場を訪れ、不変の工程の中で職人とともに仕事をしている窓のあり方を、光、熱、蒸気、煙、湿気などの物理的存在と、道具や人の連関において明らかにしました。こうしたテーマの広がりは、調査開始当初から想定されていたわけではありません。ひとつの研究をまとめる過程で、どうしても外されていく事例や視点の中から、浮上してくる気づきを別の形にまとめていった結果です。これまでの調査では、よみ人知らずのヴァナキュラー建築を主たる対象とし、資源や気候や生業など地域に根ざした民族誌的な連関の産物として、窓の形式を読み解く想像力を培ってきました。そこでは近代以降の人々の平等や自由のように概念が先行するわけではなく、そこにある多種多様なふるまいの関係性が問題になります。その読み解きにふるまい学が役に立つわけですが、同時にこの読み解きの過程がふるまい学自体を整えてくれたとも言えます。

　こうした調査を進める中で、産業革命以降の近代化、工業化の波が、どの地域においても原型的な窓に変節をもたらしていることが見えてきました。窓には風土や文化が色濃く反映される一方で、可動性を成り立たせるための高い精度が要求されるため、技術的な工夫が集中的に重ねられてきました。また現場ではなく工房や工場で製作されるので、部位の中でも特に建築の工業化に貢献してきました。日本建築を例に取るなら、紙と木でできた障子がガラス障子になり、アルミサッシや樹脂サッシになっていった過程も、引き戸の原型を維持した上での変節と言えます。これは民族誌的な連関にあった窓が、産業社会的な連関に移し替えられてきた20世紀特有の歴史です。実は私たちの暮らしそのものが、同じ歴史的変節を遂げたのでした。私は子どもの頃にアルミサッシが一般的な戸建住宅に導入されるのを目の当たりにした世代ですが、設計を始めた90年代はコンビニエンスストアも当たり前になり、もうすっかり窓も暮らしも産業社会的連関に組み込まれていたと思います。建築もますますガラス張りになり、窓がなくなり、機械空調に、すなわち電力に、すなわち化石燃料や原子力に頼る方向にいきました。建築の部品・部材は、高度に規格化された製品として大規模に生産・流通・消費されています。それは我々の暮らしを、身の回りにある資源を飛

び越して、大資本でもなければアクセスできない、遠く地中深くにある資源に結びつけますが、私たちはそれを実感できません。しかし近年の度重なる自然災害や化石燃料からの脱却の機運の中で、産業サービスに依存しきるのではなく、身の回りにある資源でやりくりする自立自存の暮らしが試みられ始めています。それを支援するのは、ヴァナキュラーな建築の知性に学び、産業社会的連関を見直すハイブリッドな建築です。ところがヴァナキュラーな建築ではできていたことが、働き方や法規も含めた産業構造という障壁に取り囲まれて、できなくなっているのが現況です。便利さと引き換えに、身の回りの資源との間に障壁が築かれてきたのです（図1）。この障壁に気づき、これを崩し、溶かし、身の回りの資源にアクセスできるようにすることが、建築家だけでなく生活者の創造力を大いに引き出すことになるのではないかと考えています。

　20世紀初頭の建築家たちの創造力を掻き立てたのは、実はこれと逆向きの、民族誌的連関から産業社会的連関への移行における衝突や摩擦でした。しかし、その創造力の発揮のされ方にも地域性がありました。いち早く民族誌的な連関からの解放として産業社会的連関を表現することでヘゲモニーを取ろうとしたドイツやフランスの建築家たちに対し、北欧の建築家たちは、民族誌的な質を捨てきれずに工業化を消化し不思議なハイブリッドをつくり出していったように見えます。ナショナルロマンティシズムと呼ばれる彼らの作品が現代を生きる我々にとっても味わい深く見えるのは、彼らが設計において、両者の連関の一方を切り捨てることをせずに、悩みながらもハイブリッドの中に新しい均衡を見出したからではないでしょうか。

　窓のふるまい学の4冊目となる『WindowScape［北欧編］』は、北欧3か国を代表する6名の建築家の作品を、初期から晩期まで通して訪れ、民族誌的連関と産業社会的連関にまたがるハイブリッドな窓の実相を明らかにしていきます。

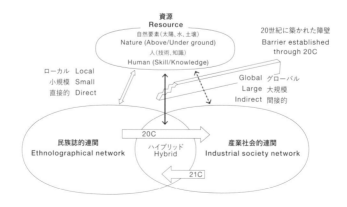

図1 民族誌的連関と産業社会的連関

　フィンランド、スウェーデン、デンマークの北欧3か国は亜寒帯湿潤気候、西岸海洋性気候に属します。パリ、ミュンヘンなどと同じ気候区分ですが（図1）、12月の平均日長時間についてみると、東京の9時間49分に対し、ストックホルムは6時間15分。冬至の南中高度は7.5°にしか届かず（図3）、12月から2月にかけて平均気温は氷点下になります（図2）。寒さ対策と日照の取り込みは北欧建築における最重要懸案であり、その問題は断熱上の弱点である窓に先鋭化します。

　北欧での窓の変遷をみると（pp.26–27）、16世紀ごろから小さなガラスを継いだはめ殺し窓が現れます。18世紀になると、冬にけんどん式のインナーサッシが取り付けられ、19世紀には円筒法の登場により大判ガラスの製造が始まり、さらに外開きと内開きの二重窓がロシアからフィンランドに伝播しました。2枚ガラスの間にアルゴンガスを密閉した二重ガラスなどの製品が登場するまで、二重窓を一体化した二重サッシもよく用いられました。二重サッシではその間を完全に気密する技術がなかったので、結露に悩まされました。そのため結露を逃す排水穴や、汚れを掃除するための開閉機構が工夫されました。

Df　亜寒帯湿潤気候
　　Dfb　月平均気温10℃以上の月が4ヶ月以上
　　Dfc　月平均気温10℃以上の月が3ヶ月以下
Cfb　西岸海洋性気候

図1 北欧の気候図

例えば室内気温を18℃以上、湿度を60%に保とうとすると、窓枠、窓ガラスの表面温度が9℃以下だと結露が発生します。大きな板ガラスの生産と、鉄骨やコンクリート造の普及により窓自体大きくなり、コールドドラフトに一層配慮しなければならなくなりました。その結果セントラルヒーティングのラジエーターは部屋の中央ではなく、窓下に組み込まれました。モダニズム建築の特徴である水平連窓やカーテンウォールは鉄製窓枠とともに広まりましたが、その熱伝導率の高さから結露が発生、凍結することで窓の開閉ができなくなるなどの不具合が発生しました。世界的にはさらなる透明性や平滑性を求めたガラス張りの表現が探求されていきますが、冬場の厳しい寒さに向き合わねばならない北欧では、ガラスの重層数や開閉形式、大きさなど、窓を取り巻く変数は豊富であり続け、木製カーテンウォールや3重の複層ガラス窓など、日本ではまだ珍しい仕様も多く見られます。

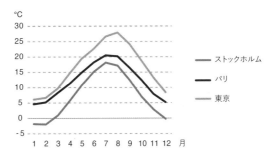

図2 年間平均気温

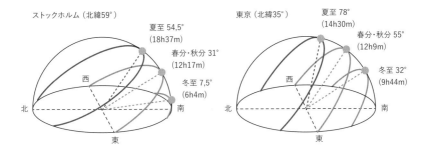

図3 太陽の南中高度と日長時間

北欧における窓の変遷

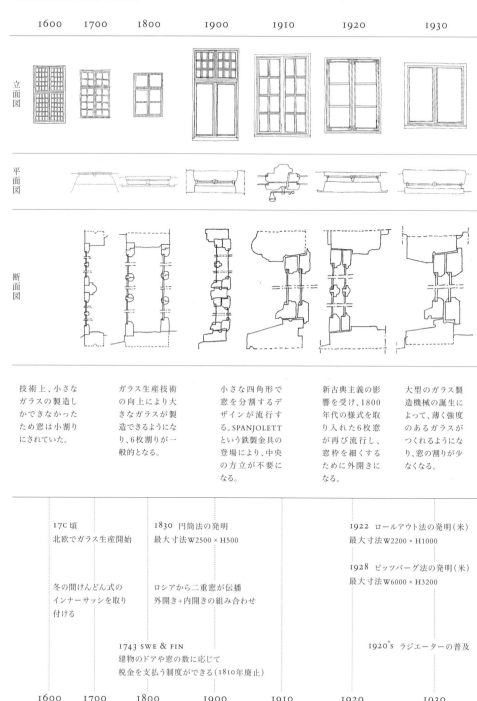

	1600	1700	1800	1900	1910	1920	1930

立面図

平面図

断面図

技術上、小さなガラスの製造しかできなかったため窓は小割りにされていた。

ガラス生産技術の向上により大きなガラスが製造できるようになり、6枚割りが一般的となる。

小さな四角形で窓を分割するデザインが流行する。SPANJOLETTという鉄製金具の登場により、中央の方立が不要になる。

新古典主義の影響を受け、1800年代の様式を取り入れた6枚窓が再び流行し、窓枠を細くするために外開きになる。

大型のガラス製造機械の誕生によって、薄く強度のあるガラスがつくれるようになり、窓の割りが少なくなる。

17C 頃
北欧でガラス生産開始

1830 円筒法の発明
最大寸法W2500 × H500

1922 ロールアウト法の発明（米）
最大寸法W2200 × H1000

1928 ピッツバーグ法の発明（米）
最大寸法W6000 × H3200

冬の間けんどん式のインナーサッシを取り付ける

ロシアから二重窓が伝播
外開き+内開きの組み合わせ

1743 SWE & FIN
建物のドアや窓の数に応じて
税金を支払う制度ができる（1810年廃止）

1920's ラジエーターの普及

	1600	1700	1800	1900	1910	1920	1930

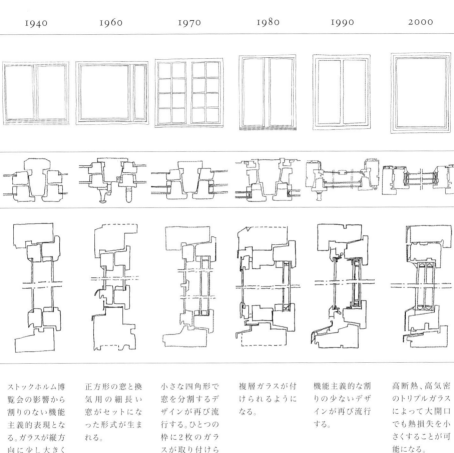

1940	1960	1970	1980	1990	2000
ストックホルム博覧会の影響から割りのない機能主義的表現となる。ガラスが縦方向に少し大きくなる。	正方形の窓と換気用の細長い窓がセットになった形式が生まれる。	小さな四角形で窓を分割するデザインが再び流行する。ひとつの枠に2枚のガラスが取り付けられる。	複層ガラスが付けられるようになる。	機能主義的な割りの少ないデザインが再び流行する。	高断熱、高気密のトリプルガラスによって大開口でも熱損失を小さくすることが可能になる。

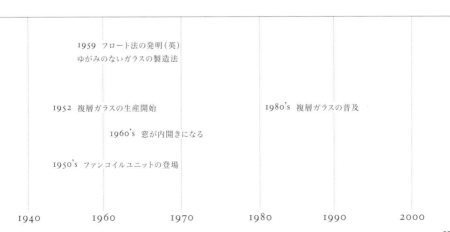

1959 フロート法の発明（英）
ゆがみのないガラスの製造法

1952 複層ガラスの生産開始   1980's 複層ガラスの普及

1960's 窓が内開きになる

1950's ファンコイルユニットの登場

1940	1960	1970	1980	1990	2000

　今回の調査では、2016年のフィンランドのアルヴァ・アアルトを皮切りに、2017年にスウェーデンのエリック・グンナール・アスプルンドとシーグルド・レヴェレンツ、2018年にデンマークのカイ・フィスカー、アルネ・ヤコブセン、ヨーン・ウッツォンらによる約235作品を訪問し、約470の窓の実測を行いました。夏のフィールドサーヴェイに向け、約3か月かけた事前調査では、建築家の作品集やウェブサイトから作品リストをつくり、現地の建築資料館、修復担当の工房等に問い合わせてアポイントメントを取り、約2週間のフィールドサーヴェイでは、平均すると約75の建築作品から約155の窓を実測し、さらに建築家の資料アーカイヴへの訪問、研究者や工房へのインタビューを行いました。伝統的民家や同時代の他の建築家の作品の調査などを並行して行い、当時の技術や産業の状況、社会情勢などの把握に努めました。帰国後は、実測図をもとにアイソメ図や詳細図をおこし、各事例を比較することで分析、考察を行いました。

　この本は、窓学の助成を受けYKK AP窓研究所（2018年に財団法人化）に提出した報告書の中から114事例を取り上げ、再編集されたものです。スウェーデン、フィンランド、デンマークの各章では各国の歴史や社会的課題に照らし合わせながら、窓の技術やデザインの変容について国ごとに検討し、民族誌的連関と産業社会的連関にまたがるハイブリッドな窓の実相について考察しています。最後に、建築家ごとの特徴を総括した上で、建築家の提案を通して浮かび上がった窓の共通問題について、国や建築家の違いを超えて検討し結びとしています。

実測の道具

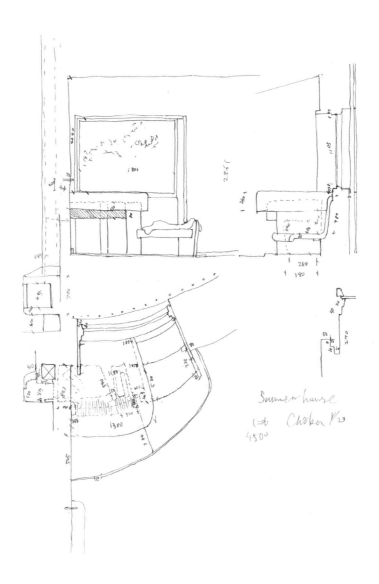

アルネ・ヤコブセン設計「ヤコブセン夏の家」(1938)の実測図
（デンマーク・シェラン島北部、2018年）

この本に登場する北欧の建築家たち

| | 1900 | 1910 | 1920 |

FINLAND

Eliel Saarinen
エリエル・サーリネン

1873 ランタサルミで生まれる
1900 パリ万博フィンランドパビリオン
1904 ヘルシンキ中央駅を設計
1918 大ヘルシンキ計画
1923 アメリカに移住

Alvar Aalto
アルヴァ・アアルト

1898 クオルタネで生まれる
1916 ヘルシンキ工科大学に入学
1923 ユヴァスキュラに事務所を設
1927 トゥルクに事務所を設立
1929 CIAMに参加

SWEDEN

Carl Larsson
カール・ラーション

1853 ストックホルムで生まれる
1888 Lilla Hyttnäsを譲り受ける
1899『わたしの家』出版
1919 逝去

Ragnar Östberg
ラグナル・エストベリ

1866 ストックホルムで生まれる
1888 スウェーデン王立美術院に入学
1896–99 ヨーロッパ各地へ留学
1906 ストックホルム市庁舎の設計者に選出される
1922 スウェーデン王立美術院教授に就任

Gunnar Asplund
グンナール・アスプルンド

1885 ストックホルムで生まれる
1905 ストックホルム王立工科大学に入学
1912 ストックホルムに事務所を設立
1913 南欧へ視察旅行

Sigurd Lewerentz
シーグルド・レヴェレンツ

1885 オンゲルマンランドで生まれる
1905 チャルマース工科大学に入学
1910 クララスクールを設立
1911 ドイツ視察、事務所を共同設立
1917 独立して事務所を設立
1929 電気広告製品会社を設立

DENMARK

Peder Vilhelm Jensen-Klint
P.V. イェンセン・クリント

1853 ホルスタインボルグで生まれる
1870 デンマーク工科大学に入学
1878 デンマーク王立芸術アカデミーに入学
1913 グルントヴィークス教会の設計者に選出

Kay Fisker
カイ・フィスカー

1893 コペンハーゲンで生まれる
1909 デンマーク王立芸術アカデミーに入学
1916 レヴェレンツ、アスプルンドの元で働く
1920 コペンハーゲンに事務所
1924 デンマーク王立芸術アカデミー准教授に就任

Arne Jacobsen
アルネ・ヤコブセン

1902 コペンハーゲンで生まれる
1921 船乗りとして働く
1924 デンマーク王立芸術アカデミーに入学

Jørn Utzon
ヨーン・ウッツォン

自然現象や土着の建築から着想を得て、国内外でさまざまな規模の建築作品を残した。
1918 コペンハーゲンで生まれる

1930	1940	1950	1960	1970	1980	1990	2000	2010

1932 クランブルック芸術
アカデミー校長に就任　　　　　　　　　　1950 逝去

1933 ヘルシンキに　　　　　　　1946 マサチューセッツ　　　　　　　　1976 逝去　　住宅から公共建築まで多くの建築
事務所を設立　　　　　　　　　工科大学で客員教授　　　　　　　　　　　　　　　作品を手がけ、フィンランドの自然
　　　　　1935 ARTEKを設立　　　　　　　　　　1963　　　　　　　　　　　　　環境や風土に配慮した独自の建
　　　　　　　　　　　　　　　　　　　　　　　フィンランドアカデミー会長　　　　　築や家具をつくりあげた。

1945 逝去

1930 ストックホルム　　　　1940 逝去　　スウェーデンの近代化に伴い登場した新た
博覧会主任建築家　　　　　　　　　　　　なビルディングタイプの設計を通して、古典
1931 ストックホルム　　　　　　　　　　主義にもモダニズムにも還元されない、シン
王立工科大学教授に就任　　　　　　　　プルだが複雑性の高い建築をつくった。

　　　　1940 エンスキルダでIDESTAを設立　　　　　1975 逝去　　古典主義からブルータリズム、
　　　　　1956 IDESTAを息子が相続、　　1962 サンマルコ教会で第一　　住宅からオペラホール、さら
　　　　　サンマルコ教会のコンペに勝利　回スウェーデン建築賞受賞　　にはプロダクトデザインまで
　　　　　　　　　　　　　　　　　　　　　　　　　　　　　　　　　　　多様な対象にチャレンジした。

1930 逝去

　　　　　　1936 デンマーク王立芸術アカ　　　　1965 逝去　　コペンハーゲンで多くの集合
　　　　　　デミー教授に就任、集住の調査　　　　　　　　　住宅を手がけ、近代的な住環
　　　　　　　　　　　　　　　　　　　　　　　　　　　　　境の基礎をつくりあげた。

　　　　　1940 スウェーデンに亡命　　　　　　　1971 逝去　　住宅から公共建築まで幅広く
　　　　　　　　　　　　　　　　　　　　　　　　　　　　　携わるとともに、多くの家具や
　　　　　　　　1956 デンマーク王立芸術　　　　　　　　　　テキスタイルをデザインした。
　　　　　　　　アカデミー教授に就任

1937 デンマーク王立芸術アカデミーに入学　　1950 コペンハーゲンに事務所を設立　　2003
　　プリッカー
　　　　　1942 アスプルンドの元で働く　　1956　　　　　　　　　　　　　　　　賞受賞
　　　　　　　1946 アアルトの元で働く　　シドニーオペラハウス国際設計競技1等　2008
　　逝去

シーグルド・レヴェレンツ設計「復活の礼拝堂」を実測中
（スウェーデン・ストックホルム、2017年）

SWEDEN

スウェーデン

担当：平尾しえな

OKTORP FARMHOUSE (17C)

Living room

オクトルプの農家の居間

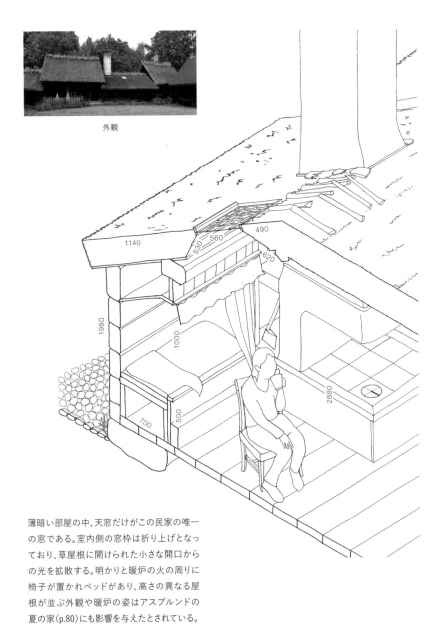

外観

1140　530　560　490　620　1980　1000　2880　700　500

薄暗い部屋の中、天窓だけがこの民家の唯一
の窓である。室内側の窓枠は折り上げとなっ
ており、草屋根に開けられた小さな開口から
の光を拡散する。明かりと暖炉の火の周りに
椅子が置かれベッドがあり、高さの異なる屋
根が並ぶ外観や暖炉の姿はアスプルンドの
夏の家(p.80)にも影響を与えたとされている。

CARL LARSSON GARDEN (1889)

Dining room

Carl Larsson

カール・ラーション自邸のダイニング

手づくりガラスの窓下、妻カリンのテキスタ
イルが施された造り付けベンチを夫婦の定
位置として家族は食卓を囲んだ。カールに
よる絵《子供が寝静まった後》(右頁下)に
は、ランプの光のもとで時間を過ごす夫婦
が描かれている。広い窓台には蝋燭や植物
が置かれ、冬にはけんどん建具をはめ込み
二重窓とすることで寒さを和らげた。

Carl Larsson, *When the children went to bed. From A Home (26 watercolors)*, 1895
スウェーデン国立美術館蔵 (写真: Cecilia Heisser / National Museum) public property

CARL LARSSON GARDEN (1889)

Workshop

Carl Larsson

カール・ラーション自邸の作業室

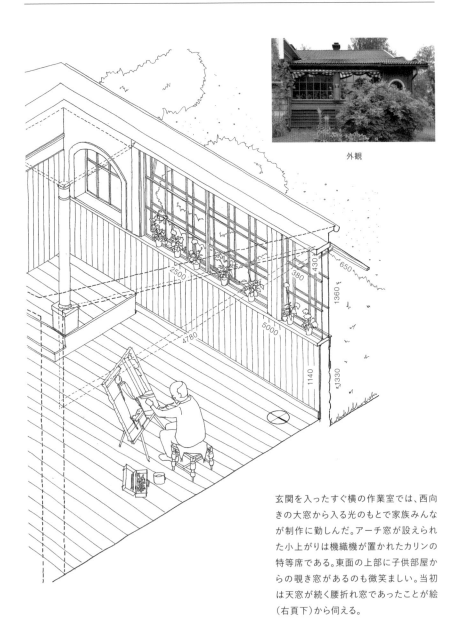

外観

玄関を入ったすぐ横の作業室では、西向きの大窓から入る光のもとで家族みんなが制作に勤しんだ。アーチ窓が設えられた小上がりは機織機が置かれたカリンの特等席である。東面の上部に子供部屋からの覗き窓があるのも微笑ましい。当初は天窓が続く腰折れ窓であったことが絵（右頁下）から伺える。

Carl Larsson, *Ateljén. From A Home (26 watercolors)*, 1895
スウェーデン国立美術館蔵 (写真: National Museum) public property

CARL ELDH'S ATELIER (1919)

Ragnar Östberg　　　　　　　カール・エルドのアトリエ

北西に面したアトリエの腰折れ窓。エ
ストベリのナショナルロマンティシズ
ムの傾向を示すと言われるマンサード
屋根の断面形状をそのまま開口にした
ことで、アトリエに入った正面が外に
解放されたようになっており、外の世
界が温室の中にあるかのようだ。全体
は二重のはめ殺し窓だが、下方の数枚
が換気窓として開閉可能。屋根面の窓
は横桟なしでガラスが重なるだけの納
まりになっている。

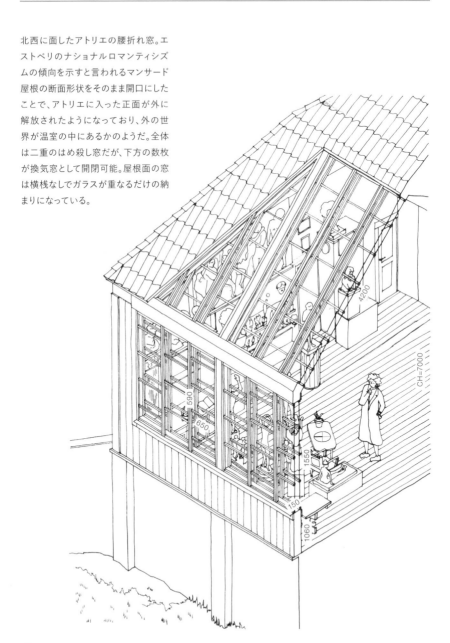

STOCKHOLM CITY HALL (1923)

Blue hall

Ragnar Östberg

ストックホルム市庁舎の青の間

外部広場と対をなすように配置
された内部広場としての「青の
間」。当初ガラス屋根が計画され
ていたが、積雪への対応から北・
南・西の三方ハイサイドライトが
採用された。窓上部に施された
装飾によって、ハイサイドライト
はロッジアのように見える。レン
ガ壁や石張り床、ポルティコも街
並みの表現であり、外に内を予
感させる反転が起きている。

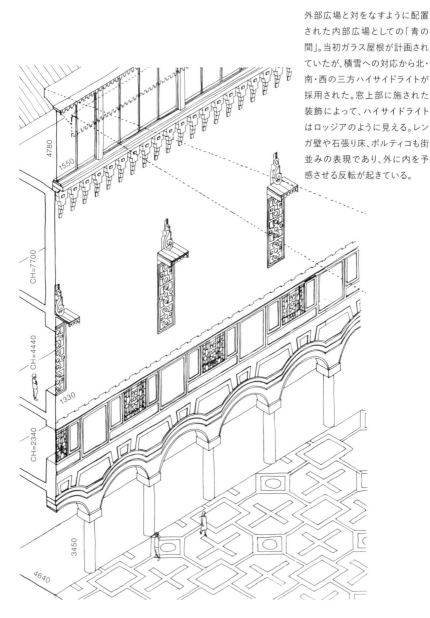

VILLA SNELLMAN (1918)

Praying room

Gunnar Asplund

スネルマン邸の礼拝室

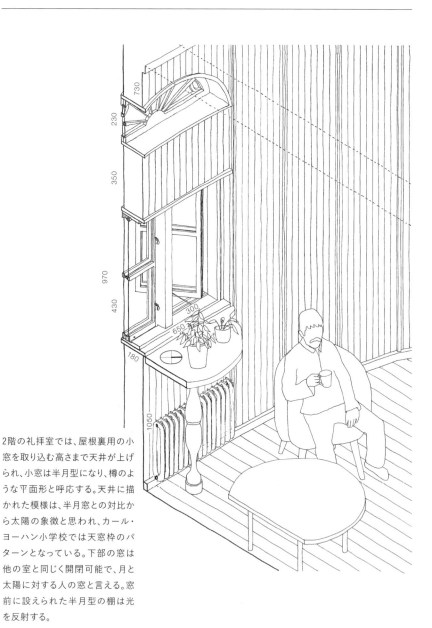

2階の礼拝室では、屋根裏用の小
窓を取り込む高さまで天井が上げ
られ、小窓は半月型になり、樽の
ような平面形と呼応する。天井に描
かれた模様は、半月窓との対比か
ら太陽の象徴と思われ、カール・
ヨーハン小学校では天窓枠のパ
ターンとなっている。下部の窓は
他の室と同じく開閉可能で、月と
太陽に対する人の窓と言える。窓
前に設けられた半月型の棚は光
を反射する。

VILLA SNELLMAN (1918)

Staircase

Gunnar Asplund

スネルマン邸の階段

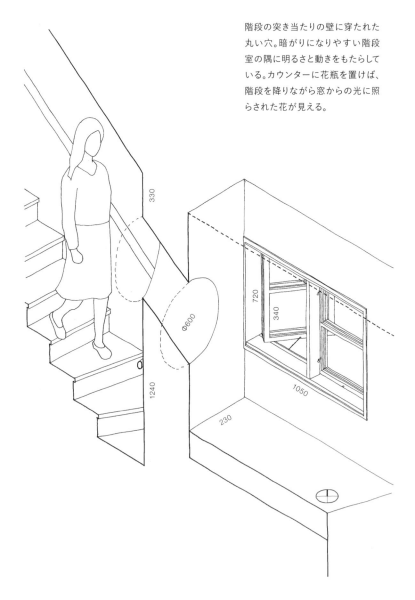

階段の突き当たりの壁に穿たれた
丸い穴。暗がりになりやすい階段
室の隅に明るさと動きをもたらして
いる。カウンターに花瓶を置けば、
階段を降りながら窓からの光に照
らされた花が見える。

330

720

340

Φ600

1240

1050

230

VILLA SNELLMAN (1918)

Corridor in 2nd floor

Gunnar Asplund

スネルマン邸の2階廊下

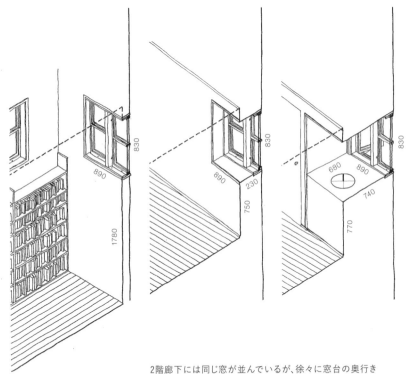

2階廊下には同じ窓が並んでいるが、徐々に窓台の奥行き
が深くなる。これは外壁側の窓の抱きを変えて収納などを
取り込み、廊下幅を先に行くほど狭くしているからである。
上写真の奥にある階段を上がってくると、遠近感が強調さ
れて感じられる。外壁では規則的に配列された窓の同一性
に生活の細部に対する配慮を重ねて生まれる差異が、遠近
感の強調という遊びによって再統合されている。

KARLSHAMN JUNIOR HIGH SCHOOL (1918)

Staircase

Gunnar Asplund

カールスハムン中学校の階段

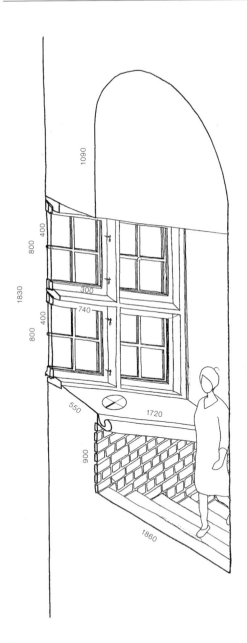

ギャンブレル屋根、並んだアーチ窓、
時計、入口まわりの円形の彫り込み
とともに立面の中心を強調している
この窓は、階段に沿って平行四辺形
に変形され、定型から逸脱すること
で、静的で安定した立面に動きを与
えている。

WOODLAND CHAPEL (1920)

Gunnar Asplund

森の礼拝堂

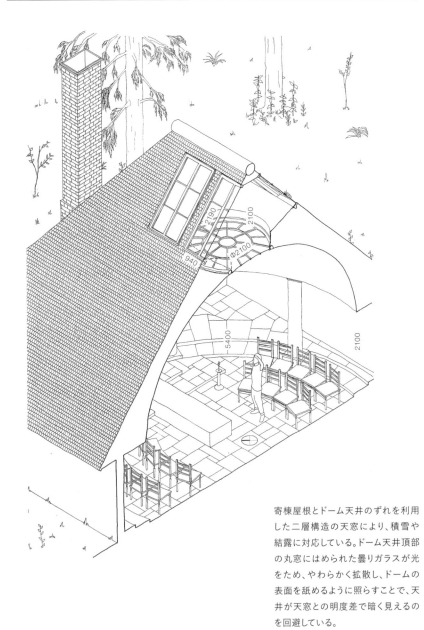

寄棟屋根とドーム天井のずれを利用
した二層構造の天窓により、積雪や
結露に対応している。ドーム天井頂部
の丸窓にはめられた曇りガラスが光
をため、やわらかく拡散し、ドームの
表面を舐めるように照らすことで、天
井が天窓との明度差で暗く見えるの
を回避している。

WOODLAND CHAPEL (1920)

Organ space

Gunnar Asplund

森の礼拝堂のオルガンスペース

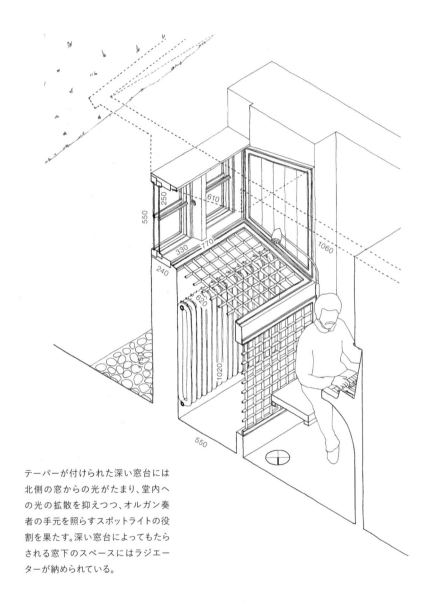

テーパーが付けられた深い窓台には
北側の窓からの光がたまり、堂内へ
の光の拡散を抑えつつ、オルガン奏
者の手元を照らすスポットライトの役
割を果たす。深い窓台によってもたら
される窓下のスペースにはラジエー
ターが納められている。

LISTER COUNTY COURTHOUSE (1921)

Entrance

Gunnar Asplund

リステール州立裁判所のエントランス

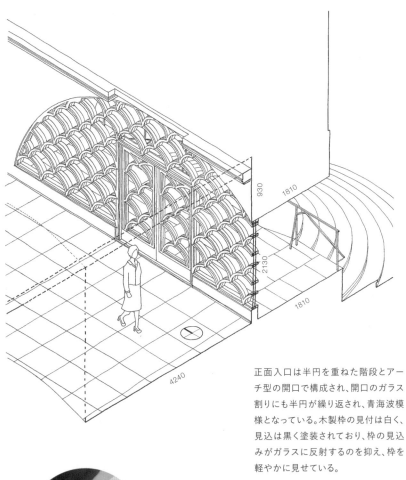

正面入口は半円を重ねた階段とアーチ型の開口で構成され、開口のガラス割りにも半円が繰り返され、青海波模様となっている。木製枠の見付は白く、見込は黒く塗装されており、枠の見込みがガラスに反射するのを抑え、枠を軽やかに見せている。

白と黒に塗装された窓枠に二重のガラスが納められている。

LISTER COUNTY COURTHOUSE (1921)

Post

Gunnar Asplund

リステール州立裁判所の郵便受け

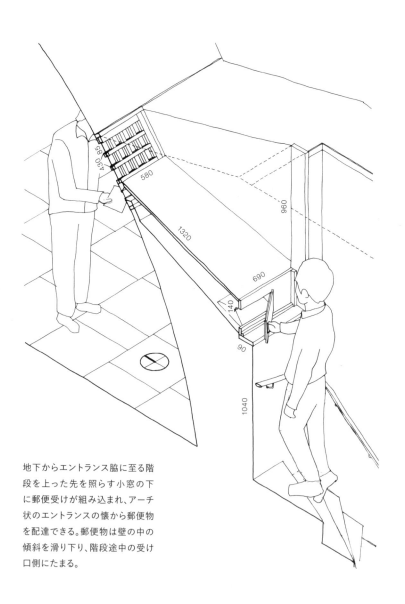

地下からエントランス脇に至る階
段を上った先を照らす小窓の下
に郵便受けが組み込まれ、アーチ
状のエントランスの懐から郵便物
を配達できる。郵便物は壁の中の
傾斜を滑り下り、階段途中の受け
口側にたまる。

LISTER COUNTY COURTHOUSE (1921)

Law-court

Gunnar Asplund

リステール州立裁判所の法廷

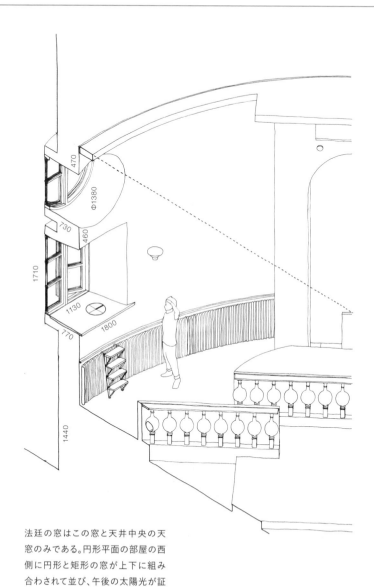

法廷の窓はこの窓と天井中央の天
窓のみである。円形平面の部屋の西
側に円形と矩形の窓が上下に組み
合わされて並び、午後の太陽光が証
言台を照らす。どちらも木製の二重
窓で高い位置にあり、開閉のための
梯子が備え付けられている。

KARL JOHAN ELEMENTARY SCHOOL (1924)

Corridor

Gunnar Asplund

カール・ヨーハン小学校の廊下

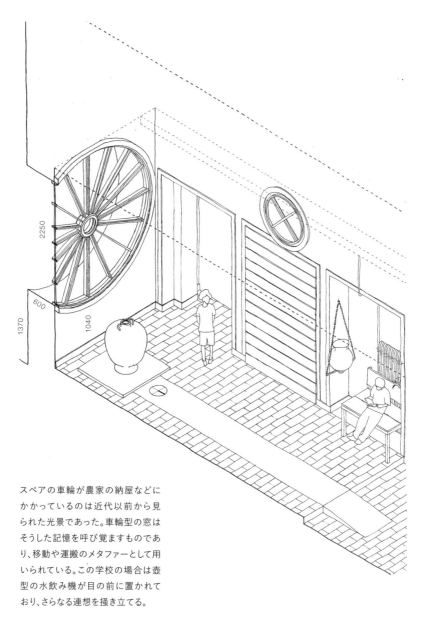

スペアの車輪が農家の納屋などに
かかっているのは近代以前から見
られた光景であった。車輪型の窓は
そうした記憶を呼び覚ますものであ
り、移動や運搬のメタファーとして用
いられている。この学校の場合は壺
型の水飲み機が目の前に置かれて
おり、さらなる連想を掻き立てる。

カール・ヨーハン小学校の音楽室

南に面してアーチ状の大開口が
設えられた最上階の部屋はもっ
とも明るく健康的で、開校当時
は虚弱児たちの教室であった。
現在は音楽室として利用されて
いる。大きなガラス面からのコ
ールドドラフトを防ぐために窓
の幅に合わせて背の低いラジ
エーターが設置されている。

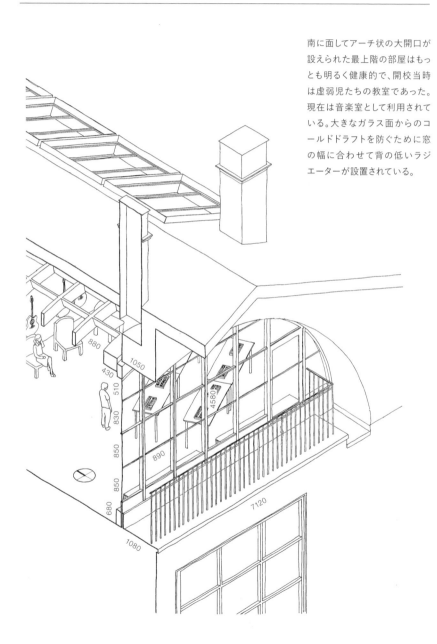

KARL JOHAN ELEMENTARY SCHOOL (1924)

Library

Gunnar Asplund

カール・ヨーハン小学校の図書館

ギャンブレル屋根とヴォールト天井を
つなぐ二重天窓。天井の曲面に合わせ
た磨りガラスが光を拡散する。南向きド
ーマー窓からの光がたまるニッチの周
りが閲覧スペースになっている。

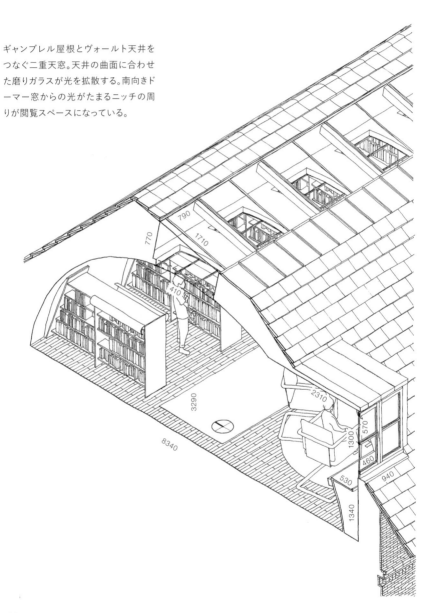

STOCKHOLM PUBLIC LIBRARY (1928)

Entrance

Gunnar Asplund

ストックホルム市立図書館のエントランス

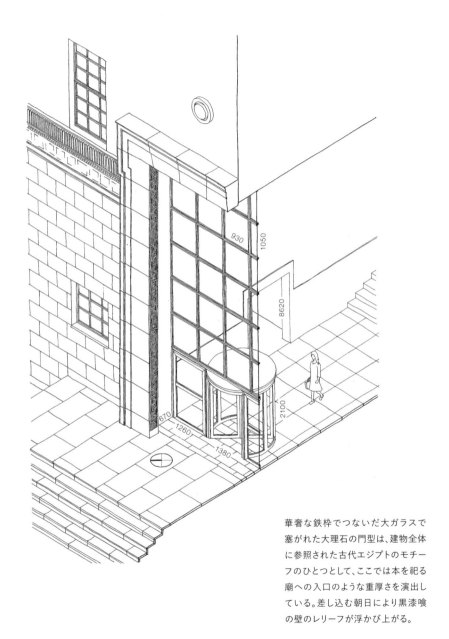

華奢な鉄枠でつないだ大ガラスで
塞がれた大理石の門型は、建物全体
に参照された古代エジプトのモチー
フのひとつとして、ここでは本を祀る
廟への入口のような重厚さを演出し
ている。差し込む朝日により黒漆喰
の壁のレリーフが浮かび上がる。

STOCKHOLM PUBLIC LIBRARY (1928)

Hall

Gunnar Asplund

ストックホルム市立図書館のホール

円筒形のホールの上部に24の矩形窓が並ぶ。木製二重
窓が上下に分かれており、下方の窓の縦軸ヒンジを回
転させて換気を行う。設計当初はドーム頂部に計画され
ていた天窓は、森の礼拝堂の天窓 (p.52) の割付と同じ
デザインが施された照明に置換されている。

BREDENBERG DEPARTMENT STORE (1935)

Gunnar Asplund   ブレーデンベリデパート

1930年のストックホルム博覧会の
後、アスプルンドが最初に完成させ
た建築である。水平連窓が特徴的
で、特に2、3階は外壁が柱の外に
追い出され水平連窓の連続性が強
められている。博覧会で見られた
鉄製枠ではなく木製枠が用いられ
ている。2階長手方向に並ぶ二重窓
は上下二段に別れ、上部は内倒し、
下部は内開きである。

GOTHENBURG COURTHOUSE (1937)

Law-court

Gunnar Asplund

イェーテボリ裁判所の法廷

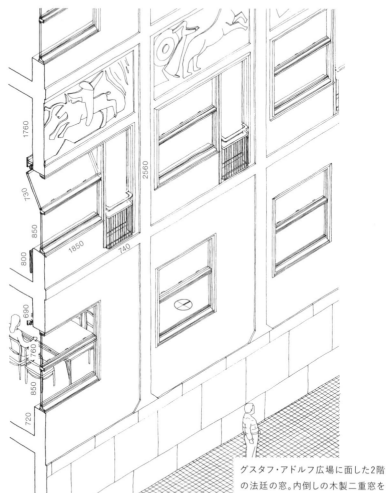

グスタフ・アドルフ広場に面した2階
の法廷の窓。内倒しの木製二重窓を
上下に重ね、横に落下防止柵を伴っ
た内開き戸を配置し、上部のレリーフ
と幅を揃えて一体化することで、その
背後にある法廷の在りかを広場に表
出している。窓下のラジエーターに被
さるようにカーテンの丈は床までの長
さがある。

GOTHENBURG COURTHOUSE (1937)

Courtyard

Gunnar Asplund

イェーテボリ裁判所の中庭

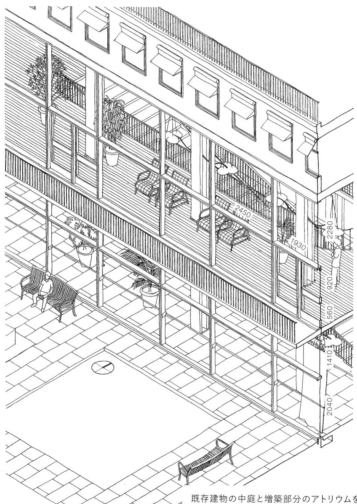

既存建物の中庭と増築部分のアトリウムを一体化するた
め、2階スラブは薄くつくられ、仕切りは上下階をまたぐ
大開口となっている。しかし中庭との間には扉はなく、出
入り口は2階のバルコニーに出られる両開き戸のみで、こ
の戸の幅Aの中心を柱芯に合わせて、残りをBとすること
で、BABABABのリズムをつくっている。金属製の枠に木
の化粧が施され、ヒートブリッジを抑えている。

GOTHENBURG COURTHOUSE (1937)

Atrium

Gunnar Asplund

イェーテボリ裁判所のアトリウム

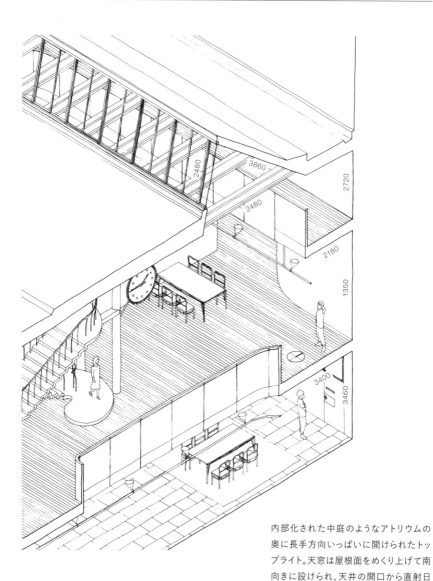

内部化された中庭のようなアトリウムの
奥に長手方向いっぱいに開けられたトッ
プライト。天窓は屋根面をめくり上げて南
向きに設けられ、天井の開口から直射日
光をアトリウムに届ける。梁の反復は壁面
に影を落とし、その角度の変化は太陽の
動きを伝えている。

SUMMERHOUSE IN STENNÄS (1937)

Living room

Gunnar Asplund

ステナス夏の家の居間

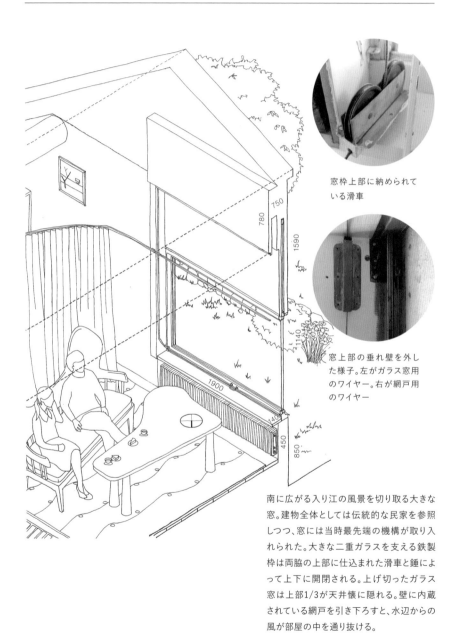

窓枠上部に納められて
いる滑車

窓上部の垂れ壁を外し
た様子。左がガラス窓用
のワイヤー。右が網戸用
のワイヤー

南に広がる入り江の風景を切り取る大きな
窓。建物全体としては伝統的な民家を参照
しつつ、窓には当時最先端の機構が取り入
れられた。大きな二重ガラスを支える鉄製
枠は両脇の上部に仕込まれた滑車と錘によ
って上下に開閉される。上げ切ったガラス
窓は上部1/3が天井懐に隠れる。壁に内蔵
されている網戸を引き下ろすと、水辺からの
風が部屋の中を通り抜ける。

SUMMERHOUSE IN STENNÄS (1937)

Study

Gunnar Asplund

ステナス夏の家の書斎

窓台の高さに部屋の端から端まで
カウンターが造り付けられ、窓があ
るところでは書き物や読書をし、窓
のないところには収納がある。一部
はラジエーターの熱でブランケット
を温める収納になっている。西日を
遮るロールスクリーンと薄手のカー
テンが各窓に設けられている。

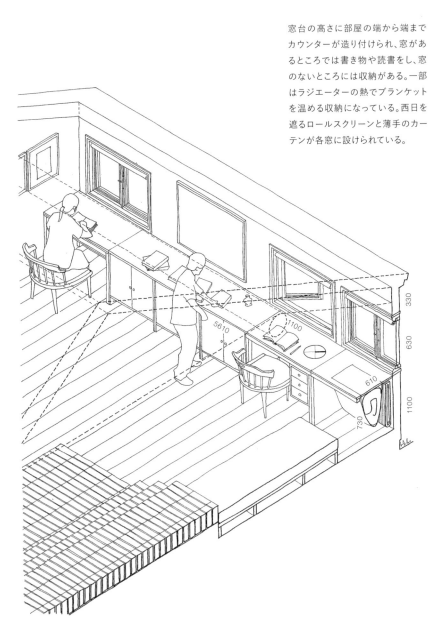

WOODLAND CREMATORIUM (1940)

Chapel

Gunnar Asplund

森の火葬場の聖十字礼拝堂

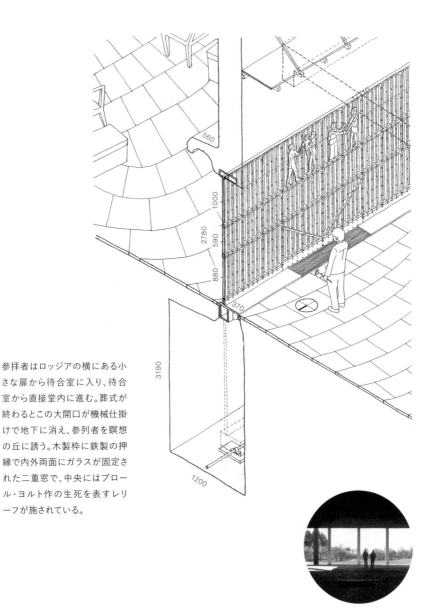

560
1000
2780
590
880
370
3190
1200

参拝者はロッジアの横にある小さな扉から待合室に入り、待合室から直接堂内に進む。葬式が終わるとこの大開口が機械仕掛けで地下に消え、参列者を瞑想の丘に誘う。木製枠に鉄製の押縁で内外両面にガラスが固定された二重窓で、中央にはブロール・ヨルト作の生死を表すレリーフが施されている。

格子扉を開放した様子

森の火葬場の希望・信仰の礼拝堂待合室

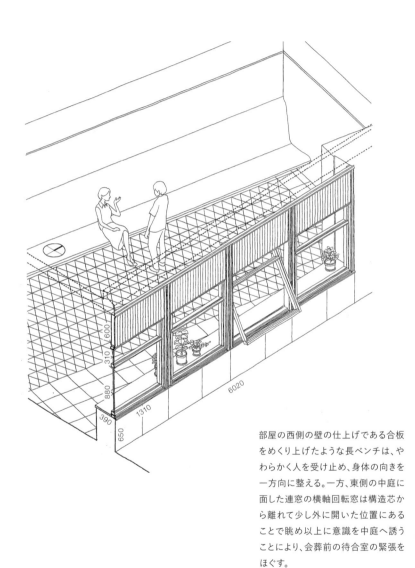

部屋の西側の壁の仕上げである合板をめくり上げたような長ベンチは、やわらかく人を受け止め、身体の向きを一方向に整える。一方、東側の中庭に面した連窓の横軸回転窓は構造芯から離れて少し外に開いた位置にあることで眺め以上に意識を中庭へ誘うことにより、会葬前の待合室の緊張をほぐす。

ROWING CLUB (1912)

Rounge

Sigurd Lewerentz

ローイングクラブのラウンジ

ボート競技のためのクラブハウス2階のラウ
ンジに設けられた、水面を切れ目なく眺め
られる水平連窓。川に面した立面を柱から
外に追い出すことによって実現されており、
その片持ちの張り出しの端部には階段が
納められ、低い天井には水面に反射する光
が映り込む。1927年にル・コルビュジエが
近代建築の五原則のひとつとして掲げた水
平連窓は原理的であるのに対し、この水平
連窓は川・ボート・木造建築の組み合わせ
の中で水面への眺めを最大化する設えとし
て見出されたものと言える。

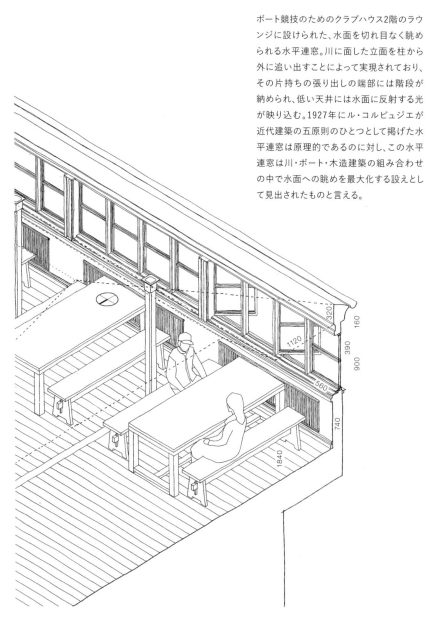

RESURRECTION CHAPEL (1925)

Sigurd Lewerentz 復活の礼拝堂

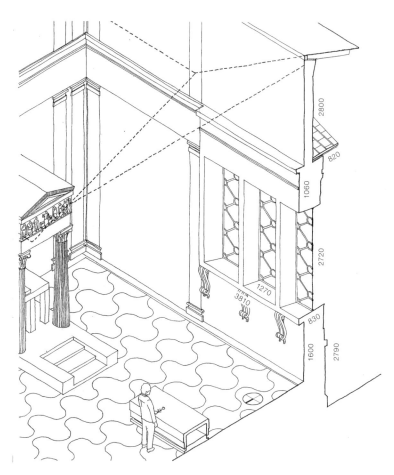

十字架が掲げられたギリシャ神殿風の祭壇
とその前に置かれた棺台、さらに棺台の横
にはこの堂で唯一の光を届ける壁にめり込
んだ神殿風の窓、さらに窓からの光や反射
光を受けてうっすら浮かび上がる壁の浅い
付け柱。これらの道具立てによって与えら
れた立体性の差と照度の差が、舞台装置の
ようにキリスト復活の物語の前景から後景
までを演出する。

NATIONAL INSURANCE BOARD BUILDING (1932)

Sigurd Lewerentz   社会保険庁

レヴェレンツが興したイデスタ社による一種
類の窓の執拗な反復により特徴づけられた
建築。ガラス同士の間にブラインドが仕込ま
れた木製二重窓であり、内部結露は窓台に
切られた溝に排水される。これを街路側と中
庭側にほぼ同数反復することで、外は間隔
を取った壁勝ち、内は窓勝ちといった対比
的な表情をつくり出している。

CHAPEL OF ST KNUT AND ST GERTRUDE, MALMÖ EASTERN CEMETERY (1943)

Entrance for the deceased

Sigurd Lewerentz

聖クヌート・聖ゲルトルド礼拝堂の入堂室
（マルメ東部墓地）

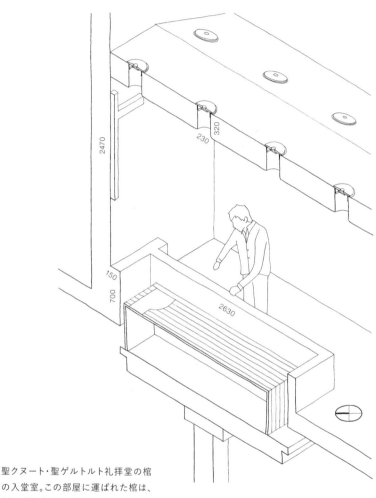

聖クヌート・聖ゲルトルト礼拝堂の棺の入堂室。この部屋に運ばれた棺は、祈りが捧げられた後、油圧式エレベーターで地下に降ろされる。参列者は地下には降りないが、この部屋が地下に感じられるように、ケーブのような台形断面の屋根には複数の円形天窓が規則正しく反復し、真下に光を落とす。

CHAPEL OF ST KNUT AND ST GERTRUDE, MALMÖ EASTERN CEMETERY (1943)

Father's room

Sigurd Lewerentz

聖クヌート・聖ゲルトルド礼拝堂の神父室
（マルメ東部墓地）

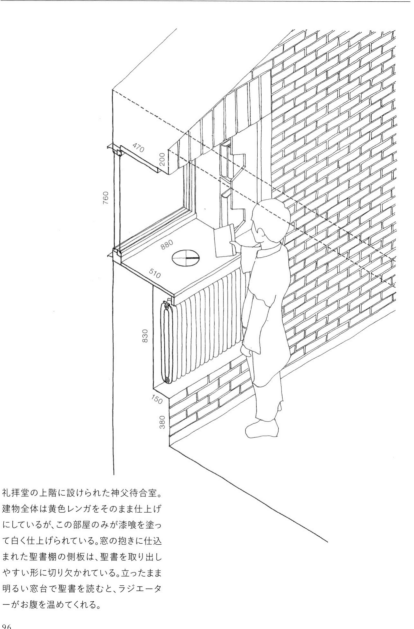

礼拝堂の上階に設けられた神父待合室。建物全体は黄色レンガをそのまま仕上げにしているが、この部屋のみが漆喰を塗って白く仕上げられている。窓の抱きに仕込まれた聖書棚の側板は、聖書を取り出しやすい形に切り欠かれている。立ったまま明るい窓台で聖書を読むと、ラジエーターがお腹を温めてくれる。

CHAPEL OF HOPE,
MALMÖ EASTERN CEMETERY (1955)

Sigurd Lewerentz
希望の礼拝堂 (マルメ東部墓地)

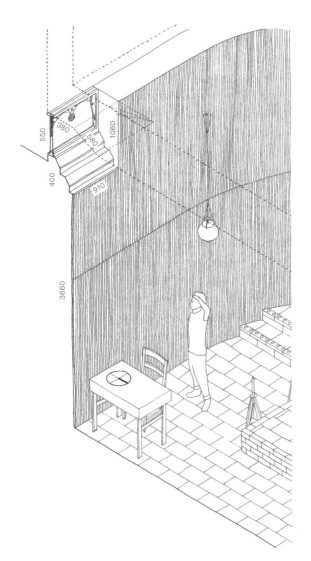

堂内を照らす唯一の窓は、内部では壁と天井にまたがるような高い位置につくられている。棺台に光が当たる位置に配置されていると考えられるが、光が当たるのは午前10時ごろである。ペアガラスの間に、キリスト教の三位一体（トリニティ）を表す3つの円が重なった木彫のシンボルが挟み込まれている。

外観

CHAPEL OF HOPE,
MALMÖ EASTERN CEMETERY (1955)

Organ space

Sigurd Lewerentz

希望の礼拝堂のオルガン室（マルメ東部墓地）

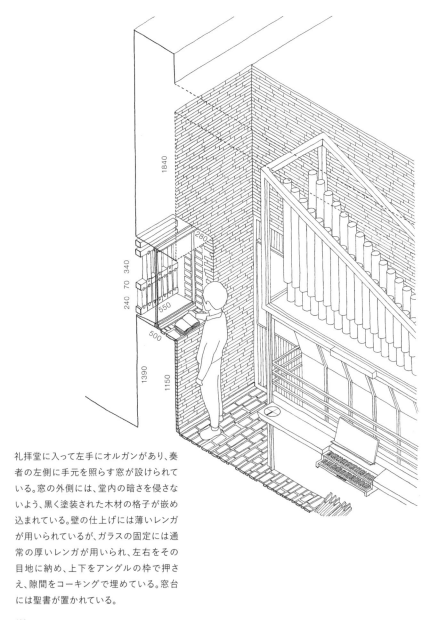

礼拝堂に入って左手にオルガンがあり、奏者の左側に手元を照らす窓が設けられている。窓の外側には、堂内の暗さを侵さないよう、黒く塗装された木材の格子が嵌め込まれている。壁の仕上げには薄いレンガが用いられているが、ガラスの固定には通常の厚いレンガが用いられ、左右をその目地に納め、上下をアングルの枠で押さえ、隙間をコーキングで埋めている。窓台には聖書が置かれている。

FLOWER KIOSK,
MALMÖ EASTERN CEMETERY (1969)

Sigurd Lewerentz　　　　　　　　　　フラワーキオスク（マルメ東部墓地）

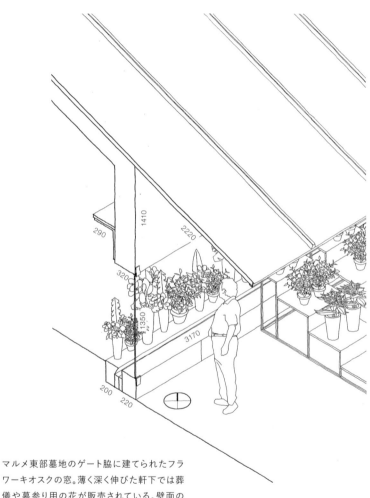

マルメ東部墓地のゲート脇に建てられたフラ
ワーキオスクの窓。薄く深く伸びた軒下では葬
儀や墓参り用の花が販売されている。壁面の
大開口の外側に2枚の片面ミラーのペアガラス
（W3170×H1330）が外壁と面になるように、1枚あ
たり4つの鉄の爪で固定され、隙間はコーキン
グで埋められている。水平連窓は組積造からの
窓の開放であったが、これは枠からの窓の開放
であると言える。

ST PETER'S CHURCH (1966)

Main chapel

Sigurd Lewerentz

聖ペトリ教会の礼拝堂

礼拝堂の西と南に2つずつ開けられた
窓。レンガ仕上げの壁に開けられた穴の
外側を一回り大きい緑がかったペアガ
ラスで塞いでいる。内部からは穴だけが
開いているように見えるのは、金属製の
爪とコーキングでガラスを取り付けてい
るからである。室内が暗いので、外部で
は鏡のように周囲を写し、粗いレンガ壁
と鋭い対比をなす。

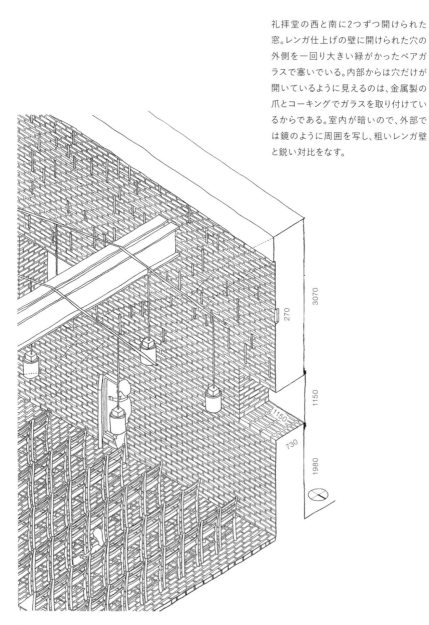

ST PETER'S CHURCH (1966)

Main chapel (Top light)

Sigurd Lewerentz

聖ペトリ教会の礼拝堂 (天窓)

レンガと鉄骨でつくられたアーチが連
続する天井に細長い天窓が設けられ
ている。天井からガラスまでの奥行き
が深いため、光のふるまいは垂直方向
に絞られ、天窓の真下には赤茶色のレ
ンガの床の上に青白い一筋の道が映
し出される。これは、控室から礼拝室に
入った神父の動線と重なる。

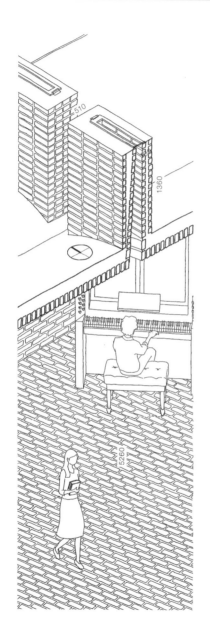

ST PETER'S CHURCH (1966)
Office

Sigurd Lewerentz

聖ペトリ教会のオフィス

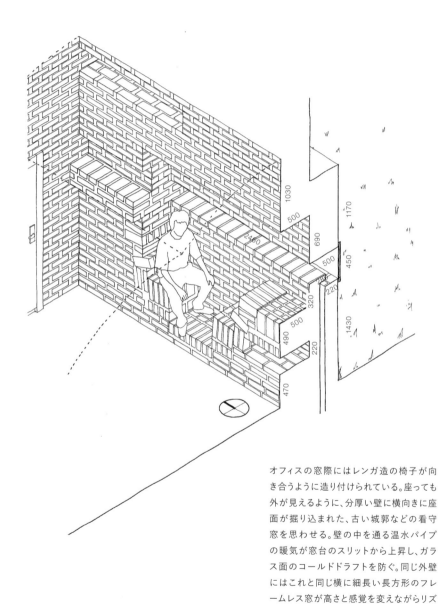

オフィスの窓際にはレンガ造の椅子が向き合うように造り付けられている。座っても外が見えるように、分厚い壁に横向きに座面が掘り込まれた、古い城郭などの看守窓を思わせる。壁の中を通る温水パイプの暖気が窓台のスリットから上昇し、ガラス面のコールドドラフトを防ぐ。同じ外壁にはこれと同じ横に細長い長方形のフレームレス窓が高さと感覚を変えながらリズムよく反復している。

THE BOX (1942)

Ralph Erskine

ザ・ボックス（アースキン自邸）

イギリスから移住したアースキンが最初に自力建設した最小限住居。ワンルームは暖炉で居室とキッチンに分けられ、居室は壁面に収納できる製図板や天井から吊られたベッドにより設えを変化させる。側壁には座位で外を眺められる高さに水平連窓が、室内:ベランダ＝3:1になる位置には大開口が設けられ、水平連窓の室内部分は出窓になり、物が置けるようになっている。

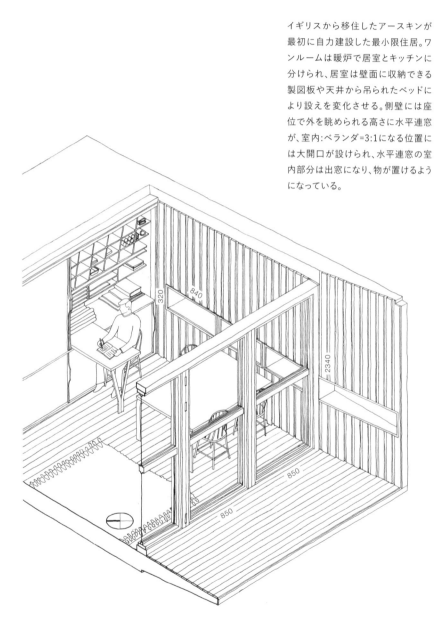

RALPH ERSKINE'S
HOME AND OFFICE (1963)

Ralph Erskine アースキン自邸兼事務所

ストックホルム郊外にあるアースキンの自
宅兼事務所。断熱性を確保するために二
重の引き違い窓となっているが、框はなく、
ガラスが直接上下枠をガイドに横に滑るシ
ョーケースのような納まりであるため、透明
性以上に卓越した軽さを獲得している。ガ
ラスに付けたクレッセントを下枠の受け金
物に締め付けることで、2枚のガラスの重な
る部分を圧着して気密性を確保している。

内観

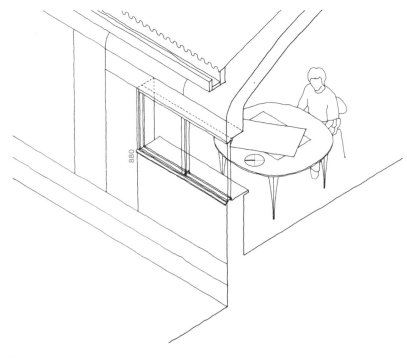

逸脱を愛した反復、反復を許した逸脱

平尾しえな

アスプルンドの建築における窓は、単独で成立しておらず、他の窓との関係の中でデザインされている。例えば、同型の窓の反復の中にそれを逸脱するような窓が加えられることで、同一性と差異のネットワークをつくり出している。さらにそうした逸脱は、窓の周りのふるまいをユーモアたっぷり、愛情たっぷりに拾い上げている。そして、この反復—逸脱の規則性を破る大きな異形の窓から象徴性が顔をのぞかせるのである。ここではスネルマン邸、リステール州立裁判所、ストックホルム市立図書館、森の礼拝堂、森の火葬場、ステナス夏の家、イェーテボリ裁判所を事例に、建築の全体の中で、窓と窓同士および窓以外のものとの関係性を紐解く。

スネルマン邸

2階建ての郊外住宅。北側に廊下、南側に諸室を配した母屋の窓について述べる。

南側立面には屋根裏の窓a、2階の窓b、1階の窓cが反復している。窓a、b、cは5回反復しているが、東へ反復するに従い少しずつずれていく。2階は5室に対して5窓、1階は4室に対し5窓が対応するため、1階の窓配列に与えられた余裕がそこに現れている。南側立面の一番西側の窓のずれが少なくて、東側にいくにつれてずれが大きくなっていくことによって庭に解放された西側立面が頭（前）で、東側に接続する付属

屋が尻尾（後）に感じられ微笑ましい（図1）。

矩形の窓b、cはすべて同じ機構をもつ。シングルガラスの木製窓を2枚重ねることで断熱性を向上させ、2枚のガラスを開いて掃除を行うことができる（図2）。当時一般的に見られた窓の形であるがゆえにスネルマン邸の窓配列のもつ独特のリズム感が際立つ。

軒に接する弓なりの窓d（p.44）は2階で唯一天井が高く、廊下との間に扉のない礼拝室にある。1か所だけガラスの割が細かくなっている東端窓bは外からの視線を遮る配慮が重ねられた夫人の部屋のものである。北側立面に反復される窓b（p.44）は、廊下の収納や階段などとの関係で生じる室内側から見た奥行きや高さの違いを隠している。北側1階の2つの玄関（キャノピー付がゲスト用、よろい戸付が家人用）なども含めて規則性から逸脱する窓には特別な意味が込められている。

言いかえれば事物の連関の複雑さがそのままに窓における規則性と逸脱により表現されているということである。

リステール州立裁判所

巡回裁判の形式に合わせたセルヴェスボリで最初の裁判所。巡回裁判とは、判事が定期的に裁判所に訪れ、数週間程度滞在し、その期間だけ裁判を行う仕組みである。そのためリステール

スネルマン邸

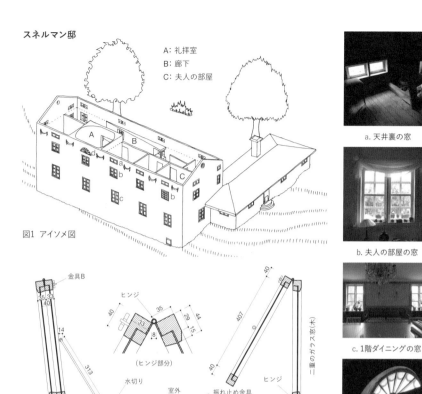

A: 礼拝室
B: 廊下
C: 夫人の部屋

図1 アイソメ図

a. 天井裏の窓

b. 夫人の部屋の窓

c. 1階ダイニングの窓

d. 弓形の窓

金具B

ヒンジ

二重のガラス窓(木)

水切り
室外
室内

振れ止め金具

ヒンジ

(ヒンジ部分)

金具A

方立

1092

図2 2階廊下の窓b 平面詳細図1/15、1/6(中央)

リステール州立裁判所

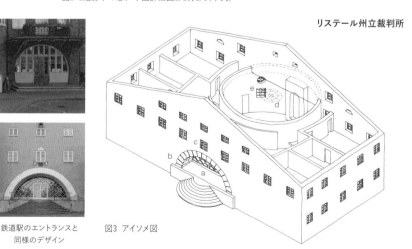

鉄道駅のエントランスと
同様のデザイン

図3 アイソメ図

州立裁判所には法廷や事務室のほかに、判事の寝室や女中や召使いのための部屋が設けられている。カール・ヴェストマンが設計した巡回裁判形式のノルヒェーピング裁判所（1911）の影響を強く受けたと考えられる。

　セルヴェスボリ駅から西にまっすぐ延びる並木道を上って行くと、橙色に塗られた壁にあるアーチ型の青海波模様の**窓a** (p.56) が徐々に見えてくる。リステール州立裁判所のエントランスである。セルヴェスボリ駅のアーチ型のエントランスと向かい合い、並木道が両者のエントランスを結んでいる。雨がかからないようにセットバックしたエントランスの懐には小さな**格子窓b** (p.58) があり、郵便物を外から投函できる郵便受けになっている。奥行きの深いエントランスが壁の厚みを強調しているのに対し、妻面に反復する**窓c**は壁の厚みを消すように壁と面一に収まっており、内側の書庫や判事室といった事務的な諸室の反復に対応している（図3）。

　エントランスホールの正面には円形の壁に閉ざされた法廷があり、その中心には丸い**天窓d**がある。法廷の西側の円形の壁には1か所だけ円形と矩形の**窓e** (p.60) が南西に向けられて縦に並び、午後の太陽の光を証言台に届ける。

　2階には判事のための居間や寝室があり、3階には女中や召使いのための寝室がある。3階西側の外壁にはハーフティンバーが表現されている。

　矩形の窓が規則的に並んだ妻面、その規則から逸脱した法廷の天窓と円形・矩形の窓は法廷の劇場性を強調しており、施設の目的が窓によって再解釈されている。さらに、並木道を受け止めるアーチ型のエントランスがこの反復─逸脱に破れ目をあけている。

ストックホルム市立図書館

　国内初の近代図書館。ゆるやかに傾斜するランドスケープと道を調停する基壇の上に3面が同じ窓の反復リズムをもつ直方体が乗る。2層目には閲覧室の縦長の**高窓d**があり、3層目には廊下やオフィスの正方形の**窓e**や**窓f**が反復している。この直方体の中央から縦長の**高窓c** (p.70) を360°反復させた円筒形が突き出している。直方体の3面は、**窓c、d、e、f**のつくる規則性を破り層をまたぐ**大開口a、b**により強い中心性と正面性を与えられる。その中でも前面道路からメインホールまで続く階段と重ねられた軸上の**大開口a** (p.68) がメインエントランスとなる。大理石で縁取られた高さ8mに及ぶ窓は鉄と真鍮のサッシと大きなガラスを組み合わせてつくられ、下部が回転ドアになっている（図4）。

　南北の**大開口b**は上下階に分かれ、下階はサブエントランス、上階は水飲み台のある閲覧室の窓となっている。ここでは冬にも日差しが差す閲覧スペースである大窓周りの冷気に対応するため、窓の両側の壁の隙間から暖気が出るようになっている（図5）。

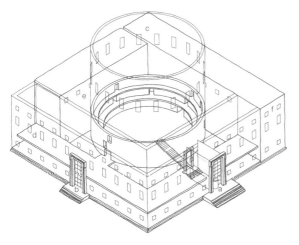

図4　アイソメ図

図5　窓b（2階）平面詳細図1/10

a. エントランス

b. 外観

b. 1階サイドエントランス

b. 2階閲覧室の窓

c. ホールの高窓

d. 閲覧室の高窓

e. 職員廊下

f. 館長室

ブレーの国立図書館増築案
出典：The Morgan Library &
Museum

ブレーのニュートン記念堂
出典：The Bibliothèque nationale
de France

ローマ・パンテオン

天井の高い中央の円筒形内部はブレーの図書館案に影響を受けた三段の本棚がぐるりと取り囲み、反復する**高窓c**から入る光が白いスタッコ仕上げの曲面壁に反射する。

計画にあたって過去のモニュメンタルな建築が参照され、初期案にはブレーのニュートン記念堂、ローマのパンテオンの影響が見られ、平面構成はヴィラ・ロトンダに倣っていると思われる。外観に現れる窓の同一性、差異性及びその配列は、都市に対しては古典主義的なモニュメンタリティを表出し、内部では本棚や人々のふるまいとの関係を細やかに調整している。

森の礼拝堂

木立の中に建つ、こけら葺き寄棟屋根の小さな礼拝堂。1918年の時点では12mの高さの石造の礼拝堂が計画されていた。しかし第一次世界大戦の影響で予算が厳しくなり、計画の変更を余儀なくされた。アスプルンドは石造の案を完成させたことをきっかけに、自転車による新婚旅行の途中でデンマークのリーセルンドというアンドレアス・カーカラップ設計の荘園に訪れた。そこに建つ茅葺き屋根の小さな建物に感銘を受けた彼は案の変更を求められたことをきっかけに、小さな木造の礼拝堂を再提案した。

儀式が始まるまで会葬者は8本の列柱で支えられたロッジアで待機する。中央の扉を開けると今度は円形に並ぶ8本の列柱によって支えられたドームの空間に入るようになっており、その頂部に**オキュルスa**（p.52）がある。ドーム頂部のオキュルス（眼窓）といえばローマのパンテオンであるが、パンテオンのオキュルスは雨も入り込む単なる孔でドーム内の暗闇にコントラストの強い直射日光を導入するのに対して、このオキュルスの光は寄棟屋根に設けられた**天窓b**（p.52）との間で拡散し、さらに磨りガラスを通して、白く塗られたドーム天井全体に広がって故人とそれを囲む会葬者を優しく照らす（図6）。

天窓を二重にすることで、礼拝堂内部を均一に照らす光を取り入れると同時に、寄棟屋根の外観とドーム天井の内部という建築の二面性をつくり出している。屋根面の矩形窓、天井頂部の丸窓共に開閉機構をもたないため、伝統的な民家の窓の納まりを転用した簡素なつくりである。丸窓の方は天井の曲面と連続するように曲面でつくられている。大判の曲面ガラスは製作できないため、小割りになっているが、その太陽のような窓割は、この建築のシンボルとなった（図7）。

この礼拝の場にオキュルス以外から光を極力入れないように隅のアルコーブに**小窓c**（p.54）を設け、オルガンを照らしている。外壁の低い位置にある**窓d**は地下に続く階段室に光を届ける。地下は内部を暖めるためのボイラーと儀式が終わるまで作業員が待機するためのスペースになっている。

同じ敷地内に建つ森の火葬場には約90名と約240名の会葬者を想定した礼拝空間があるの

森の礼拝堂

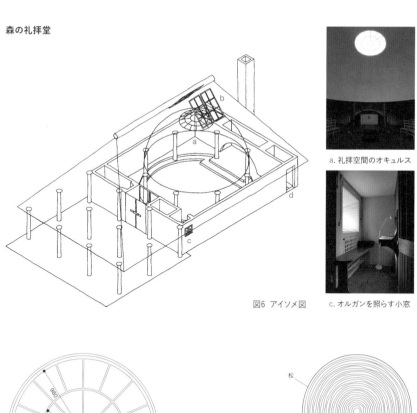

図6 アイソメ図

a. 礼拝空間のオキュルス

c. オルガンを照らす小窓

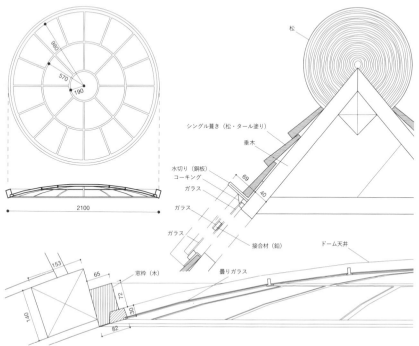

図7 断面詳細図1/50、1/10

に対して、この礼拝堂では約30名という小規模の会葬者が想定されている。隣には子どもの墓地もある。アスプルンド夫妻は最初の子どもを1920年に亡くしている。これらのことから子どもの葬儀を念頭に設計されたのかもしれないと推測してみたくなる。

森の火葬場

　1915年に行われた国際コンペでアスプルンドとレヴェレンツが勝利した、スウェーデンで初めて火葬を前提とした葬祭場と墓地の計画である。しかし、その完成は1940年で、すでに同国初ではなくなっていた。

　火葬は古くからキリスト教において禁じられてきたため、20世紀初頭の倫理観では火葬を受け入れることは依然として難しかった。それまで誰も構想したことがなかった火葬場という機能と礼拝堂をひとつの建築の中に統合することが求められた。古来からのキリスト教の葬儀では、死者が埋葬されるまで遺族の目から離れることはなかったが、火葬では、死者を施設のスタッフに託さなければならない。そのため、会葬者が火葬を待つこと、会葬者とスタッフの領域分けなどが初めて考慮されることとなる。

　森の火葬場は森の墓地の広大な緑のランドスケープの中に配置されており、墓地のエントランスを通ると、緑の丘を上る石畳の歩行路に沿うように、石造の十字架（口絵、pp.4-5）と火葬場が見えてくる。通路になっている**開口a**は火葬場の中庭に通じている。

　森の火葬場には大小2つの規模の礼拝堂（大きい聖十字礼拝堂、小さい希望・信仰の礼拝堂）があるが、その基本構成は共通している（図8）。待合室で葬儀を待つ会葬者はベンチに腰掛け、窓台のある矩形の**窓b**越しに中庭を眺める。**窓b**はいずれも横軸ヒンジで開閉する木製窓枠の水平連窓で、石の窓台をもつ。聖十字礼拝堂では中庭が東にあり、窓台はその一部に植物を置くための窪みがあり、真下にラジエーターが設置されている（図9）。

　希望・信仰の礼拝堂は**窓b**（p.86）が西向きで、反対側にある横長の**窓c**からは瞑想の丘を臨むことができる。歩行路にいる人の背丈よりも窓の位置が高いことから、歩いている人と待合室にいる人の視線が交わらないように配置されている。

　礼拝堂は、天井の高さが待合室の倍近くあり、木製ルーバーのついた**高窓d**だけが礼拝堂全体をやわらかく照らしている。希望・信仰の礼拝堂の高窓は南北の壁面どちらにもあるが、南側は中庭に隣接しているため、北側よりも窓の数が少ない。オルガンは、礼拝堂脇のアルコーブにあり、その天井の複数の**丸天窓e**が、賛美歌の伴奏を務めるオルガン奏者の手元に光を届けている。奥行きの深いその天窓には照明が付いている。聖十字礼拝堂は最大300名近くの会葬者の葬儀が

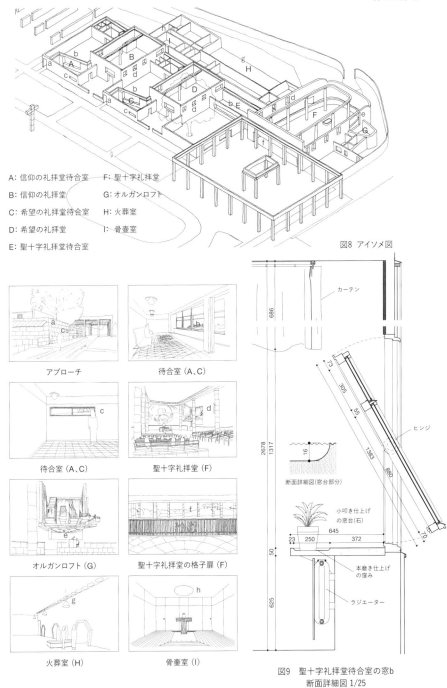

A: 信仰の礼拝堂待合室　　F: 聖十字礼拝堂
B: 信仰の礼拝堂　　　　　G: オルガンロフト
C: 希望の礼拝堂待合室　　H: 火葬室
D: 希望の礼拝堂　　　　　I: 骨壷室
E: 聖十字礼拝堂待合室

図8　アイソメ図

アプローチ

待合室（A、C）

待合室（A、C）

聖十字礼拝堂（F）

オルガンロフト（G）

聖十字礼拝堂の格子扉（F）

火葬室（H）

骨壷室（I）

カーテン

ヒンジ

断面詳細図（窓台部分）

小叩き仕上げ
の窓台（石）

本磨き仕上げ
の窪み

ラジエーター

図9　聖十字礼拝堂待合室の窓b
断面詳細図 1/25

可能で、一斉に退場する際には、礼拝堂後部の巨大な**格子扉f**（p.84）全体が電動で地下に降下する。火葬室と骨壺室は、どちらも壁に閉ざされ、天井には**天窓g、h**がある。天窓から落ちる光はそれぞれ、棺の形をした火葬炉と亡き人の骨壺を照らしている。

　森の火葬場にある部屋は、生者のためのもの、死者のためのもの、と大きく2つに分けられる。待合室は生者のための部屋で、窓からは中庭や瞑想の丘の風景を臨むことができるのに対し、礼拝堂と火葬室、骨壺室は生者と死者のための部屋で、外の風景から隔絶され、礼拝堂では高窓が部屋全体を、火葬室と骨壺室では天窓が炉や骨壺を照らしている。葬儀のシークエンスごとに窓の役割や形が変化することで、生者と死者の関係が窓によって再解釈されている。

ステナス夏の家

　自動車の登場によって可能になった、都市に居住する家族が都市から離れて休暇を過ごすための平屋の別荘。ストックホルムから65km離れた入り江の奥、大きな岩に寄り添うように建てられている（図10、口絵、pp.10-11）。

　この別荘の中でもっとも大きな**窓a**（p.80）は桟による風景の分割を回避し、敷地の南側に広がる入り江の風景を切り取るピクチャーウィンドウであるとともに、この大きなガラス框戸はワイヤーと滑車、錘を用いた機構によって、上下方向にスムーズに開閉できる（図11、12）。そのため高い壁面を必要とし、ゆえに切妻屋根の妻面が入り江に向けられることになる。ガラス框戸を押し上げ垂壁内に収納すると、そこから網戸を引き下ろすことができる。窓の下端は床から470mmの高さで、コーヒーテーブルとほぼ同じ高さである。ダイニングの**窓b**は**窓a**よりもひと回り小さく同じ機構をもつ。軒先の東西の壁の天井高は低く、西側の壁沿いの造り付けの机に向かって腰を下ろせば、その上の両開きの小さな**窓c**（p.82）からの光が読書や書き物の手元を照らす。東の小さな**窓d**の高さは暖炉裏の洗面所に立った時の顔の位置に対応している。

　棟の西側面は壁が後退し、ロッジアになっている。敷地の北側にある崖は日中、太陽の光を浴びて熱を蓄え、肌寒くなる夕方には放熱する。ロッジア横の外向きの暖炉、主室の棟による風除けのおかげで、より多くの時間を外で過ごす機会が用意されている。このロッジアの壁に開けられた上げ下げ式の**窓e**は、ダイニングと廊下に面している。

　屋根の棟が東側に偏心していることで高くなった東側の軒下の**窓f**が寝室に朝日を取り込む。建物の北側では、床が地面に応じて上がるため、**窓g、h**は相対的に小さな窓となる。

　屋根などにはスウェーデンの伝統的な民家の形式が参照されているが、窓を観察すると、その大きさや開閉機構の違いには、眺望、屋根架

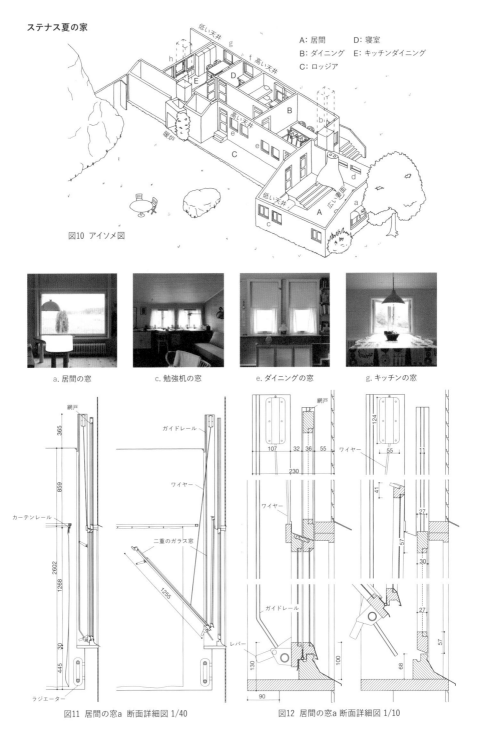

ステナス夏の家

低い天井
高い天井

A: 居間　　D: 寝室
B: ダイニング　E: キッチンダイニング
C: ロッジア

E

D

B

高い天井

寝坊

e

C

低い天井
広い壁面

A

a

c

d

図10 アイソメ図

a. 居間の窓　　　　c. 勉強机の窓　　　　e. ダイニングの窓　　　　g. キッチンの窓

網戸

365
859
2602
1268
30
445

カーテンレール

ガイドレール

ワイヤー

二重のガラス窓

1255

ラジエーター

図11 居間の窓a 断面詳細図 1/40

網戸

107　32　36　55
230
124
55
11

ワイヤー

ワイヤー
41
57
27
30

ガイドレール
レバー
130
90
100

57
68
27

図12 居間の窓a 断面詳細図 1/10

構、家具配置、地面の傾斜、自然や人々のふるまいとの関係性が反映されており、慣習的な窓の単なる反復ではない個別のふるまいに対応した独自性が認められる。

イェーテボリ裁判所

　既存部分と増築部分が並んで広場に面している。1925年の計画案では増築部分の広場側の窓は既存部分の窓の形や配列を複製しており、既存部分は緩衝帯を挟んで増築部分と対をなすように対称形の壁面構成になっている。1934年の計画では既存部分の窓が増築部分までそのまま延長して反復されており、既存部分の左右対称性が崩れている。最終案では再び緩衝帯が現れ、既存部分と増築部分は分離されるが、窓の反復や柱梁の反復のリズムで連続性をつくっている。また、増築部分の広場側の窓は柱間の中心から既存部分へずれて配置されており、広場から建物を見ると既存部分の方に重心があるように感じられる。

　2階法廷の**窓a**（p.74）には小さなバルコニーの付いた扉が併設されており、窓の上部にはレリーフがある。既存部分のペディメントは鏡と蛇を持つ女神が「慎重さ」を、剣と天秤を持つ目隠しをした女神が「正義」をそれぞれ表現しており、増築部分のレリーフにはギリシア神話の東西南北を司る四つの風の神が描かれている。軒の高さと各階の床の高さを既存部分に合わせつつ鉄骨造であるこ

とを活かして屋根裏部屋として利用した結果、**窓b**が潰れた横長のプロポーションになっている。

　中庭をもつ既存部分の構成を引き受けて、増築部分内部は外周部に個室を、中央にホールをもち、その周囲を廊下が取り巻いている。既存部分の中庭と増築部分ホールの間には2層分の大きな**窓c**（p.76）があり、透明な壁として中庭とホールをつなぐ。また、**天窓d**（p.78）は南に向き、立ち上がりの壁に光を反射させてホールを中庭同様明るくし、中庭とホールの透明性を高めている。

　広場側の立面では既存部分と増築部分の壁面は揃っているが、教会側の立面では両者の壁面は揃っていない。待合室の大きな**窓e**は既存部分と増築部分の間に位置しており、新旧の建物の隙間として扱われている（図13）。

　窓の反復の方法や大きさの違い、形の違いが既存部分と増築部分の関係を調整している。また、中庭に面する窓cとホールの天窓には鉄製枠が用いられているが、ヒートブリッジを避けるため木で鉄部を覆うようにつくられている。それ以外の窓は木製の二重窓だが、**窓a**を例にその機構を見ると、開閉のためにさまざまな金具が使われている。前述の夏の家の窓からもわかる通り、ガラス製造技術の向上によって大判ガラスの窓がみられるようになったが、冬の厳しい寒さに対抗する最善策は依然木製枠であり、重量のある窓を容易に開閉するための枠周りの金具の進化につながったと考えられる（図14）。

イェーテボリ裁判所

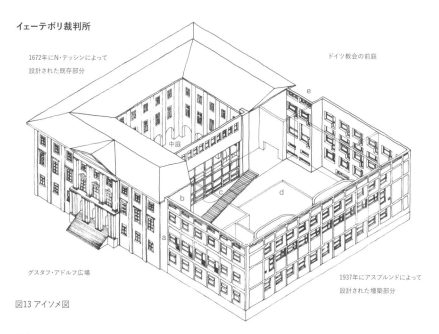

1672年にN・テッシンによって
設計された既存部分

ドイツ教会の前庭

中庭

グスタフ・アドルフ広場

1937年にアスプルンドによって
設計された増築部分

図13 アイソメ図

c. 中庭に面する窓

d. ホールの天窓

e. 教会前庭に面する窓

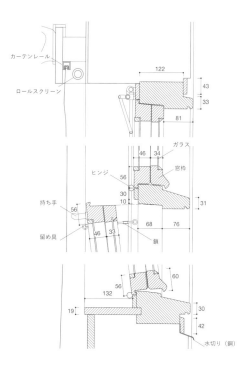

図14 窓a 断面詳細図1/10

一方、レヴェレンツは自ら窓やサインを作成するため1929年にイデスタ社を立ち上げ、1930年のストックホルム博覧会では会場に掲げる看板の作成などに尽力した。その後に完成させた社会保険庁ではイデスタ社の製品がふんだんに用いられ、中庭に反復する窓（p.92）ではレバーを上下と左右の2段階で捻ることで気密性をもたせる鍵に工夫が凝らされている（図15）。

　小さな礼拝空間を多く手がけ、窓の唯一性が目立つ前期、反復をメインに扱っていた中期を経て、後期ではその両者が昇華され、あたかも建築全体の潮流から逸脱していくような独創的な建築と窓がみられる。

　ここでは聖クヌート・聖ゲルトルド礼拝堂と聖ペトリ教会を主な事例に、レヴェレンツが生み出した窓の多様さに焦点を当てる。

聖クヌート・聖ゲルトルド礼拝堂

　1943年、聖クヌート・聖ゲルトルド礼拝堂はマルメ東部墓地の中に建てられた。儀式のシークエンスに沿って現れるさまざまな窓が、死者と残された者たちを見守っている。

　告別式のため、棺が西側の入堂室まで移送される。遺族が神父に棺を託すこの室の壁には窓がなく、**天窓a**（p.94）が取りこんだ光を拡散させ、スタッコ塗りの壁面をぼんやりと照らす①。棺はリフトで地下に降ろされ、霊安室で保管される。告別式の前に遺族だけが死者と対面する場合があり、その際には会葬者は南側の小さな入り口から中庭を通って霊安室の隣の対面室に入る。その**天窓b**は、死者の顔を中心に、周りを囲む神父と親族を照らす②。その後、棺は花を飾る部屋に移され、会葬者は西側の出口から地上に上がり、待合室に向かう。作業室の**高窓c**は花を準備する作業台に、天窓は棺に光を落とす③。花が飾られた後、礼拝堂の下まで運ばれ、告別式の直前に1階に上げられる。会葬者は式まで待合室で待機する。切り放しのガラスを用いた**窓d**によって外からの視線を遮りつつ木々を眺めながら待つことができる④。式を行う礼拝堂で死者と遺族が再び出会う。礼拝堂は天井が高く、**高窓e**から差し込む光により告別の場がつくられる⑤。その後、棺は地下へと降ろされ、火葬室に運ばれる。円形の**天窓f**が火葬炉へ光を落とし、火葬の作業する手元を照らす⑥。

　聖クヌート・聖ゲルトルド礼拝堂では、会葬者が火葬を待つこと、スタッフが火葬の作業することを始め、会葬者とスタッフの領域分けなど、火葬場という施設の問題に対して、会葬者がいる室では外の景色を眺められ、棺とスタッフがいる室では外の風景から隔絶するように窓が設けられている（図16）。

聖ペトリ教会

　1966年、礼拝堂布教活動や教育、地域住民の活動のためのホールや公園と合わせて計画され、レンガ造で建てられた教会。

　北側の隙間に隠されるようにエントランスの扉が設けられているのは、神父や礼拝者が一人ずつ静かに入堂するための配慮である。床・壁・

社会保険庁

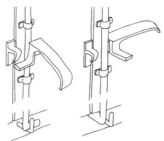

図15 社会保険庁の窓の開閉機構
レバーを上下に捻ると気密を開放/確保できる。
左右に捻ると縦の金属棒が回転し鍵を開閉できる。

聖クヌート・聖ゲルトルド礼拝堂

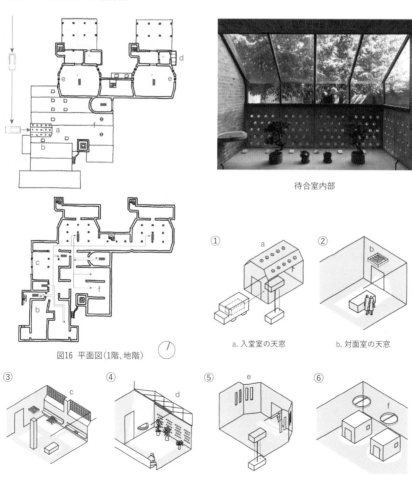

待合室内部

図16 平面図(1階、地階)

a. 入堂室の天窓

b. 対面室の天窓

c. 作業室の高窓

d. 待合室の腰折窓

e. 礼拝堂の高窓

f. 火葬室の天窓

天井が黒ずんだレンガで覆われた薄暗い内部に入ると、その足元を**天窓a**がぼんやりと照らす。その脇には結婚式用の聖書台があり、縦長の**窓b**を背景に神父が立つ。その光は鋭く差し込むように青白く床を照らしており、**窓b**からの光を妨げないように天井を向いた照明が壁の上部に設けられている。**天窓a**と**窓b**は室全体を明るくする光ではなく、薄暗さを維持しながらそれぞれの対象を照らす。隙間をはさんで向かい側の神父の控え室の壁には窓がなく、奥行きの深い4つの**天窓c**が聖具や祭服に直接光を当てないように並んでいる。それに対して、控え室から礼拝堂に入った目の前にある**天窓d**（p.106）は、一筋の光を落としレンガの目地を白く浮かび上がらせ、神父が祭壇へ向かう道筋を示す。礼拝堂の南側と西側には、正方形の**窓e**（p.104）があり、外壁と内壁の間を通して機械換気と空調が行われる。床から2mほどの高さにある奥行きが深い**窓e**と3mほどの高さまで落ちたペンダントライトによって、天井高6mほどの空間の上部は薄暗く、礼拝者が集まる下部はぼんやりとした明るさを保っている（図17）。一方、礼拝堂の南東側には事務棟があり、**窓f、g**（p.108）は個室の反復に合わせて並び、オフィスでは造り付けのベンチの高さに合わせて配置が調整されている（図18）。

枠無しのガラスを爪のような留め具で押さえたはめ殺しの窓により、レンガの壁に孔があいているように見える。その結果生じた空気循環の問題に対して、壁内の空間を利用した機械換気と空調のシステムが採用された（図19）。また、レンガの肌理や目地、奥行きのある壁厚、窓まわりの照明が光の質を調整している。

この教会に先立って1960年にはストックホルム郊外に聖マルクス教会が建てられた。そこで初めてレヴェレンツによる「フレームレス窓」が試行されている。聖ペトリ教会と同じくレンガ造の建物に穿たれた穴にガラスを直接納めているが、こちらでは外壁面ではなく、内壁面に合わせている。

また先述のマルメ東部墓地の入口には、1969年にフラワーキオスクが建てられた。RC造の外壁に爪のような留め具でフレームレスの窓が取り付けられている（図20）。

聖マルクス教会からフラワーキオスクに至る「フレームレス窓」の飽くなき探求はレヴェレンツの窓への姿勢を象徴すると言えるだろう。窓がもつ可能性を自らの手を動かし追求した中で、彼の窓には他にはみられない多様さと個性が生まれた。

反復と逸脱、破れ目によって建築の日常性から象徴性までの幅広い場面で窓のふるまいを引き出したのがアスプルンドだとすれば、逆に反復の徹底や枠の廃棄によって窓の因習的なふるまいを宙吊りにしたのがレヴェレンツと言えるだろう。同い年で、同じ師に習い、森の墓地やストックホルム博覧会で協働した2人だが、窓の問題の捉え方、すなわち遊び方についてはずいぶん違った展開を辿ったことは、驚きをもって窓の懐の深さを私たちに教えてくれる。

聖ペトリ教会

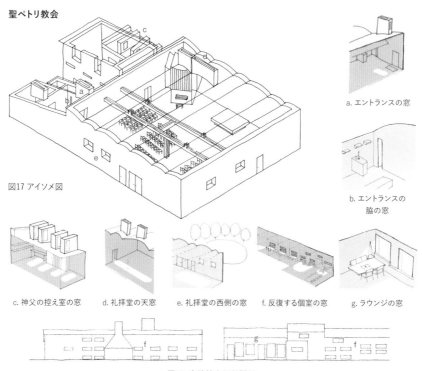

図17 アイソメ図

a. エントランスの窓

b. エントランスの
   脇の窓

c. 神父の控え室の窓　　d. 礼拝堂の天窓　　e. 礼拝堂の西側の窓　　f. 反復する個室の窓　　g. ラウンジの窓

図18　事務棟立面展開図

フラワーキオスク

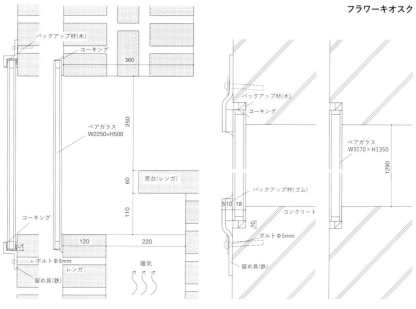

バックアップ材(木)

コーキング

360

ペアガラス
W2250×H500

250

窓台(レンガ)

60

110

コーキング

120　　220

ボルト Φ9mm

留め具(鉄)

レンガ

暖気

図19　オフィスの窓 f 断面詳細図 1/10

バックアップ材(木)

コーキング

バックアップ材(ゴム)

コンクリート

5 10　18

ボルト Φ5mm

留め具(鉄)

ペアガラス
W3170×H1350

1290

図20　軒下の窓 断面詳細図 1/5

アルヴァ・アアルト設計「アアルトスタジオ」の調査
（フィンランド・ヘルシンキ、2016年）

FINLAND

フィンランド

担当：塚本晃子

NIEMELÄ FARMHOUSE (1786)

Living room

ニエメラの農家の居間

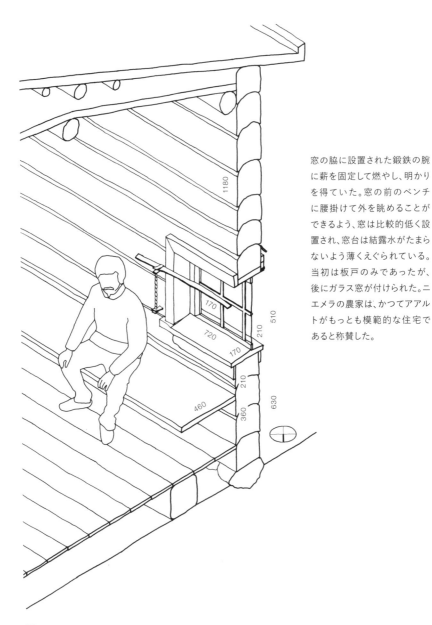

窓の脇に設置された鍛鉄の腕に薪を固定して燃やし、明かりを得ていた。窓の前のベンチに腰掛けて外を眺めることができるよう、窓は比較的低く設置され、窓台は結露水がたまらないよう薄くえぐられている。当初は板戸のみであったが、後にガラス窓が付けられた。ニエメラの農家は、かつてアアルトがもっとも模範的な住宅であると称賛した。

HVITTRÄSK (1903)

Flower room

Eliel Saarinen, Herman Gesellius,
Armas Lindgren

ヴィトレスクのフラワールーム

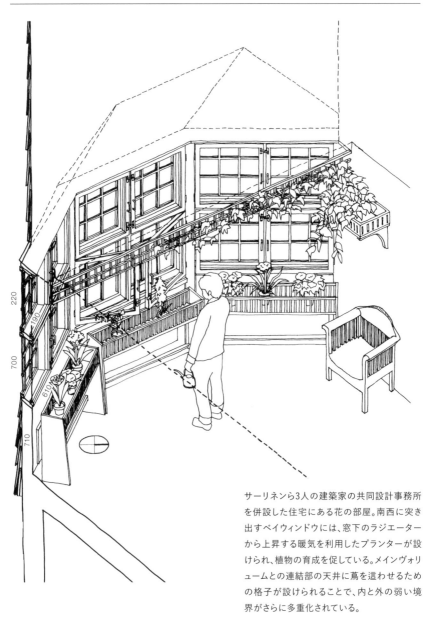

サーリネンら3人の建築家の共同設計事務所
を併設した住宅にある花の部屋。南西に突き
出すベイウィンドウには、窓下のラジエーター
から上昇する暖気を利用したプランターが設
けられ、植物の育成を促している。メインヴォリ
ュームとの連結部の天井に蔦を這わせるため
の格子が設けられることで、内と外の弱い境
界がさらに多重化されている。

HVITTRÄSK (1903)

Studio

Eliel Saarinen, Herman Gesellius,
Armas Lindgren

ヴィトレスクのスタジオ

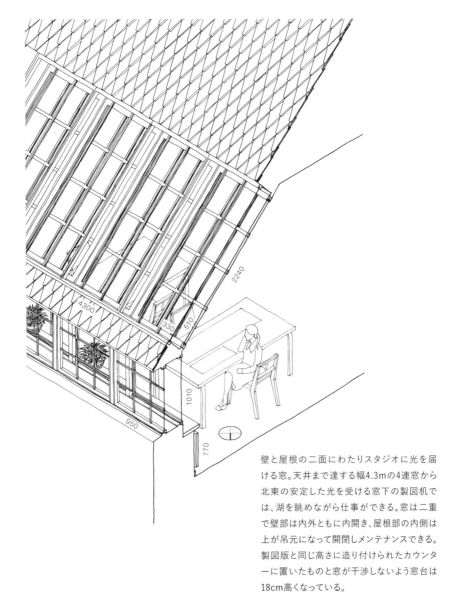

壁と屋根の二面にわたりスタジオに光を届
ける窓。天井まで達する幅4.3mの4連窓から
北東の安定した光を受ける窓下の製図机で
は、湖を眺めながら仕事ができる。窓は二重
で壁部は内外ともに内開き、屋根部の内側は
上が吊元になって開閉しメンテナンスできる。
製図版と同じ高さに造り付けられたカウンタ
ーに置いたものと窓が干渉しないよう窓台は
18cm高くなっている。

GALLEN-KALLELA'S HOUSE (1913)
Studio

Akseli Gallen-Kallela, Eliel Saarinen　　ガッレン゠カッレラ自邸のスタジオ

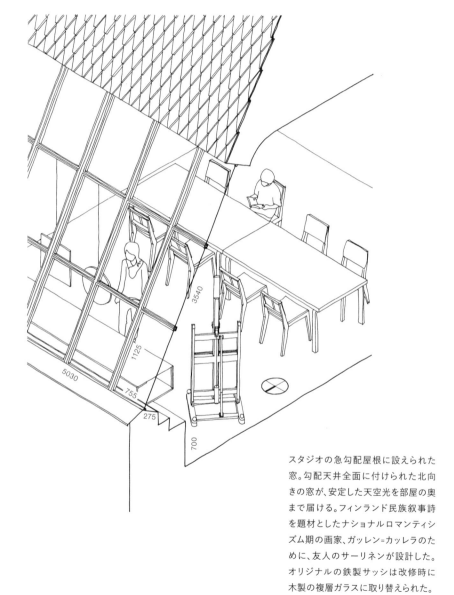

スタジオの急勾配屋根に設けられた窓。勾配天井全面に付けられた北向きの窓が、安定した天空光を部屋の奥まで届ける。フィンランド民族叙事詩を題材としたナショナルロマンティシズム期の画家、ガッレン゠カッレラのために、友人のサーリネンが設計した。オリジナルの鉄製サッシは改修時に木製の複層ガラスに取り替えられた。

SEINÄJOKI DEFENCE CORPS BUILDING (1925)

Alvar Aalto

セイナヨキ自衛団会館オフィス棟

セイナヨキの自衛団のために建てられた、厩、武器庫が併設されているオフィス棟。アアルトの新古典主義時代の建築で、両開きの窓とオーダーの付け柱の反復により正面ファサードが構成されている。大判ガラスの生産はすでに始まっていたが、この建物では19世紀初頭に一般的であった6枚割付が採用されている。冬に窓を開けずに外気を取り入れられるよう、窓の脇に内倒しの換気ハッチがある。

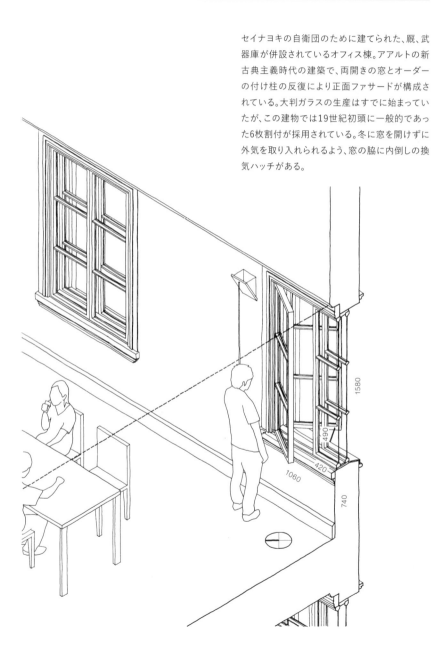

1580

490

420

1060

740

TURUN SANOMAT NEWSPAPER OFFICE BUILDING (1930)

Alvar Aalto　　　　　　トゥルン・サノマットの新聞社ビル

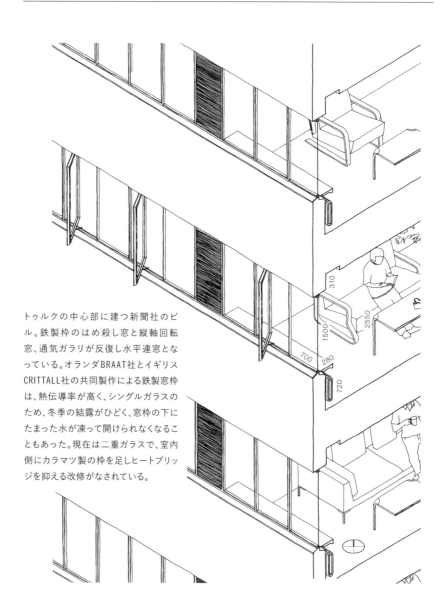

トゥルクの中心部に建つ新聞社のビ
ル。鉄製枠のはめ殺し窓と縦軸回転
窓、通気ガラリが反復し水平連窓とな
っている。オランダBRAAT社とイギリス
CRITTALL社の共同製作による鉄製窓枠
は、熱伝導率が高く、シングルガラスの
ため、冬季の結露がひどく、窓枠の下に
たまった水が凍って開けられなくなるこ
ともあった。現在は二重ガラスで、室内
側にカラマツ製の枠を足しヒートブリッ
ジを抑える改修がなされている。

PAIMIO SANATORIUM (1933)

Entrance

Alvar Aalto

パイミオのサナトリウムのエントランス

結核患者のための療養施設のエントランスホールに光を落とす天窓。鉄製の枠にはめられた半透明のガラスが天井面と同じ高さに取り付けられている。1950年代のアアルトによる改修で、天窓に合わせて湾曲した受付の窓が新設された。

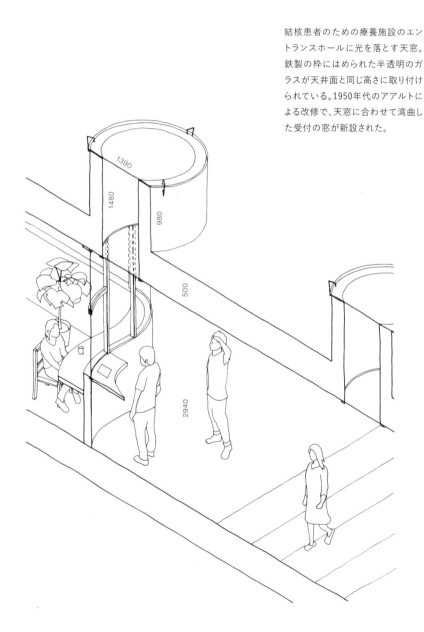

PAIMIO SANATORIUM (1933)

Patient's room

Alvar Aalto

パイミオのサナトリウムの患者室

日光浴が治療のひとつであった結核患者のための、朝日を取り入れる病室の窓。窓辺に設えられた机につくことで患者は長時間日光を浴びることができる一方、枕元を避けた窓の配置により寝ている患者の顔には直接光が当たらない。Health Windowと呼ばれる中段の窓は、左右逆に開く外と内の窓の間で外気を暖めながら取り入れるもので、19世紀末にフィンランドの病院で定着した形式である。

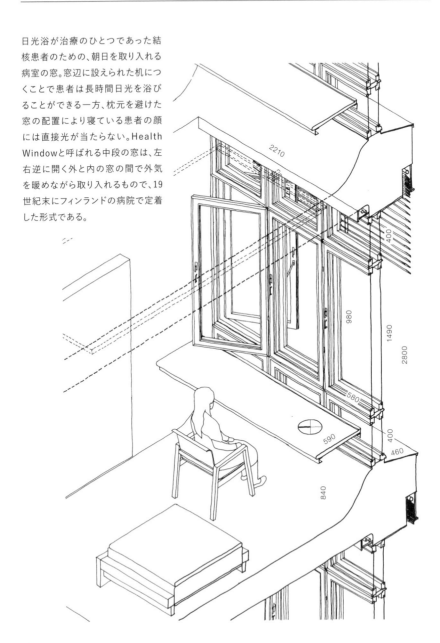

PAIMIO SANATORIUM (1933)

Cafeteria (South)

Alvar Aalto

パイミオのサナトリウムの食堂 (南)

エントランスに面した食堂の窓。南向き
の吹き抜けに設けられた大きな窓は、
上段がはめ殺し窓とチェーンを引いて
開閉する滑出窓、下段が2枚のガラス
の間に植物を育てるプランターが設置
されたソラリウムとなっている。吹き抜
けから降り注ぐ日差しと鮮やかな色の
オーニング、窓辺の植物が病院内のコ
モンスペースを彩っている。

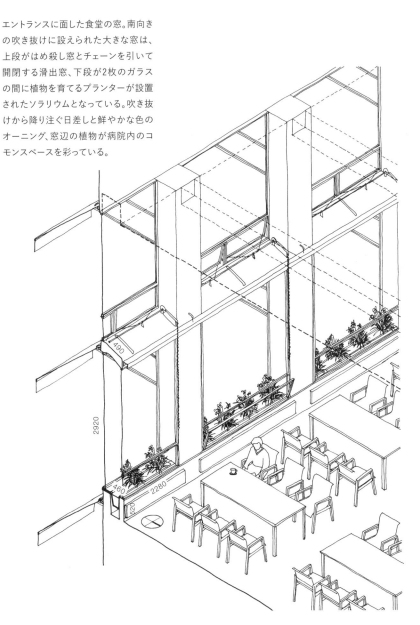

PAIMIO SANATORIUM (1933)
Cafeteria (North)

Alvar Aalto

パイミオのサナトリウムの食堂（北）

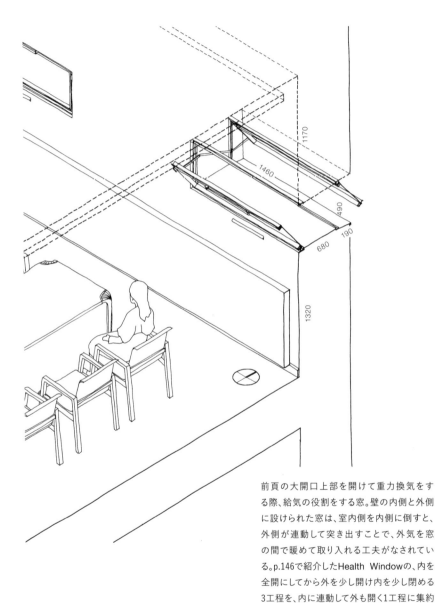

前頁の大開口上部を開けて重力換気をする際、給気の役割をする窓。壁の内側と外側に設けられた窓は、室内側を内側に倒すと、外側が連動して突き出すことで、外気を窓の間で暖めて取り入れる工夫がなされている。p.146で紹介したHealth Windowの、内を全開にしてから外を少し開け内を少し閉める3工程を、内に連動して外も開く1工程に集約したアアルトの発明である。

PAIMIO SANATORIUM (1933)

Reading room

Alvar Aalto

パイミオのサナトリウムの読書室

食堂吹き抜けの中2階にある読書室の窓。華奢な鉄製窓枠の上
段は突き出し窓であり、枠の交差部にチェーンを引き歯車を回
転させることで2枚同時に開閉する機構が設けられている。開け
た窓の重量が枠中央に与える外力に抵抗しバットレスで補強さ
れている。この窓の機構は近郊のトゥルクの造船所でつくられ
た。グレーチングの下にはラジエーターが設けられている。

歯車を用いた突き出し
窓の開閉機構

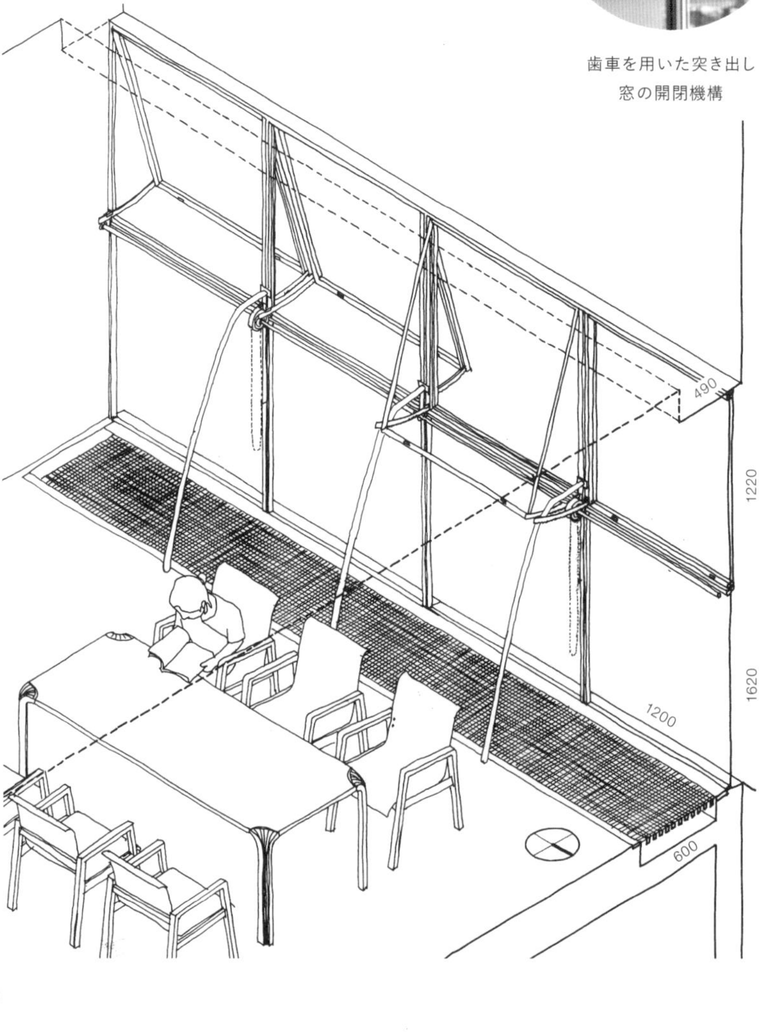

490

1220

1200

1620

600

AALTO HOUSE (1936)

Dining room

Alvar Aalto

アアルト自邸のダイニング

南の庭を眺めるダイニングの窓。はめ殺しの二重窓の
脇には小さな内開きの換気窓がある。ガラス窓の下に
はコールドドラフトを防ぐためのラジエーターがあり、
ラジエーター上にプランターを置いて植物を育てるこ
とで、上昇する暖気を有効に利用している。外壁に取り
付けられた鉄棒に蔦が絡まり、窓を縁取ることで室内
の緑と庭の緑がさらに近づけられている。

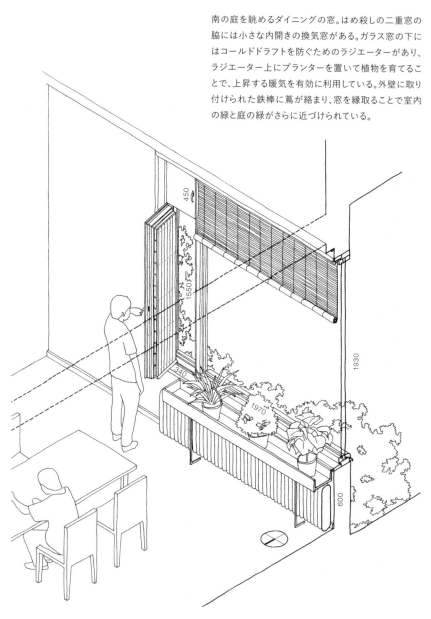

AALTO HOUSE (1936)

Studio

Alvar Aalto

アアルト自邸のスタジオ

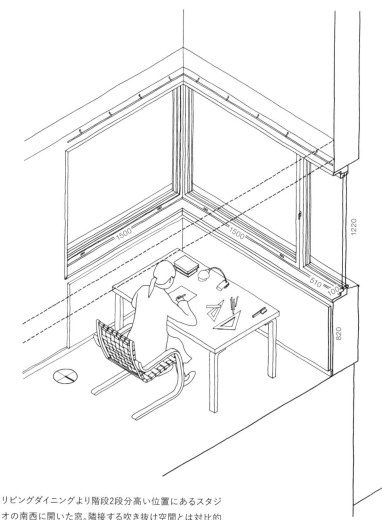

リビングダイニングより階段2段分高い位置にあるスタジ
オの南西に開いた窓。隣接する吹き抜け空間とは対比的
に、天井は低く抑えられ、庭を眺めながらの作業ができ
る。出隅を開放的にするために2つのはめ殺し窓が突き
付けになるよう木製方立を外に追い出しコンクリート梁
に特殊な溝を設けてこれを固定している。換気は脇の縦
長の小窓から行う。

KANTOLA HOUSE (1937)

Living room

Alvar Aalto

カントラ邸の居間

コトカにあるスニラ社パルプ工場の工場
長のための住宅。暖炉につながる石張り
のベンチは陽光を受け蓄熱し、下にあるラ
ジエーターの暖気を上昇させるために窓
台との間に隙間があけられている。建具に
は森林産業の盛んなコトカのマツとオー
クが使用され、窓周りの柱には藤が巻き
付けられている。窓の先には松林、さらに
その先に海が広がっている。

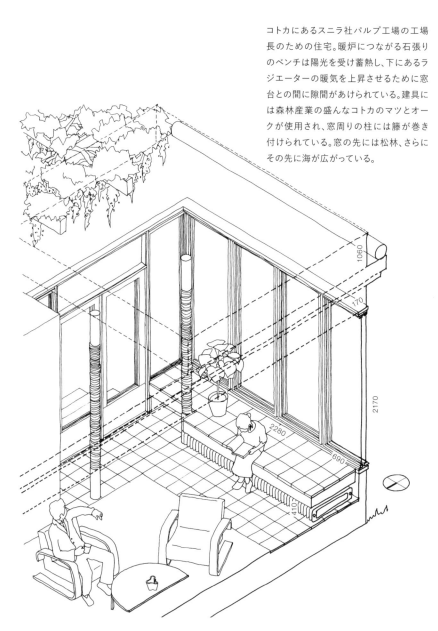

SÄYNÄTSALO TOWN HALL (1952)

Corridor

Alvar Aalto

セイナッツァロの村役場の廊下

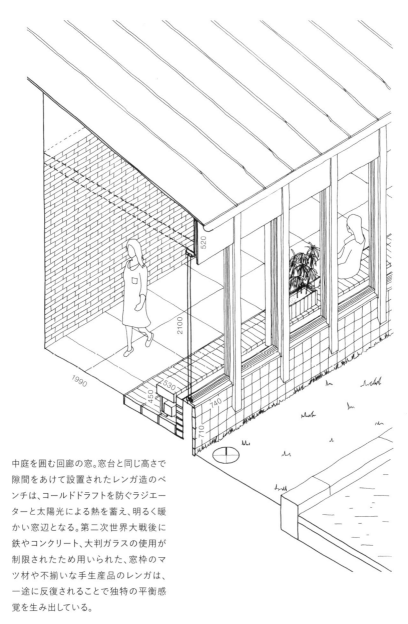

520
2100
1990
530
450
740
710

中庭を囲む回廊の窓。窓台と同じ高さで
隙間をあけて設置されたレンガ造のベ
ンチは、コールドドラフトを防ぐラジエー
ターと太陽光による熱を蓄え、明るく暖
かい窓辺となる。第二次世界大戦後に
鉄やコンクリート、大判ガラスの使用が
制限されたため用いられた、窓枠のマ
ツ材や不揃いな手生産品のレンガは、
一途に反復されることで独特の平衡感
覚を生み出している。

SÄYNÄTSALO TOWN HALL (1952)

Library

Alvar Aalto

セイナッツァロの村役場の図書館

子供図書セクションの角に設けられた窓。2階の閲覧室の本棚の上を走る水平連窓が背の低い子供の本棚に合わせて下に伸び、子供机と手元照明の上で窓台が納まるようになっている。大小のはめ殺し窓、片開きの換気窓、板戸の内倒し窓の組み合わせになっており、通りからの視線に配慮して外側に木格子が付けられている。

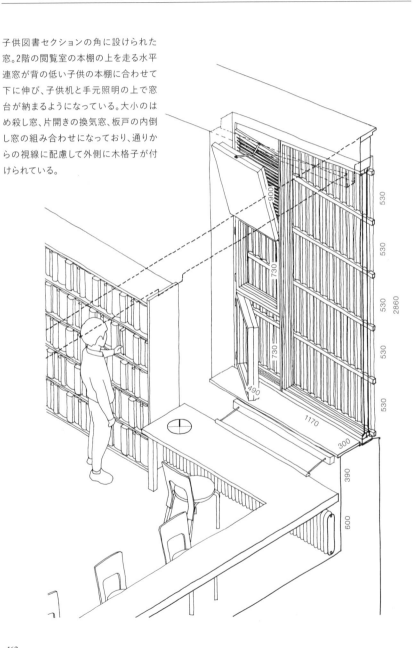

SÄYNÄTSALO TOWN HALL (1952)

Council chamber (North)

Alvar Aalto

セイナッツァロの村役場の議場（北）

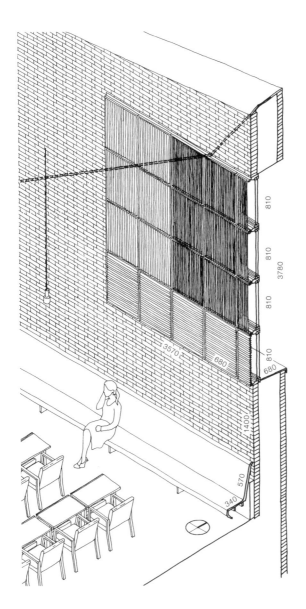

議場の高窓。室の唯一の採光窓で、大きさは幅3.5m高さ3.7mで4段5列に仕切られた各枠には、マツ材の木製ルーバーが組み込まれている。ルーバーは上3段の右3列が右向き、左2列が左向き、最下段のみ下向きで、見る角度や時間帯によって光や景色の透過度を変える。マツ材によるベンチとレンガ壁の間からラジエーターの暖気が上昇しコールドドラフトを防ぐ。

SÄYNÄTSALO TOWN HALL (1952)

Council chamber (West)

Alvar Aalto

セイナッツァロの村役場の議場 (西)

議長席背後のレンガ壁に埋め込まれたフェ
ルナン・レジェの絵を横から照らす窓。レン
ガ壁に38度の角度で切り込まれた開口に直
交するようにガラスがはめられ、窓の抱き両
側のマツの板、絵に向かって少しずつ内側に
ずれる窓前のマツの板の三面に反射した外
光が絵に届き、特徴的な屋根架構と、前頁の
ルーバー付大窓がある薄暗い議場の中に、
絵を浮かび上がらせる。

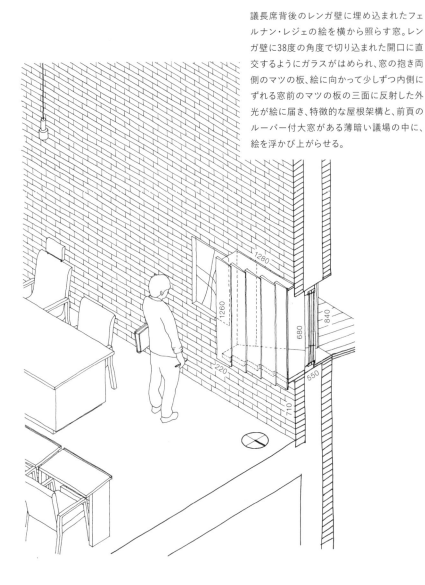

MUURATSALO EXPERIMENTAL HOUSE (1953)

Living room

Alvar Aalto

ムーラッツァロの実験住宅／夏の家の居間

ムーラッツァロ島の森の中からパイヤネン湖を望む、赤いレンガに囲われた中庭に面する窓。椅子と同じ高さに窓台を設けたはめ殺しの二重窓と中庭に出入りする扉が組み合わされている。中庭に面する他の窓は、小さく高い場所にあるか、ガラスのない板戸で、この窓のみが大きく、室内とハース（地炉）のある中庭をつないでいる。

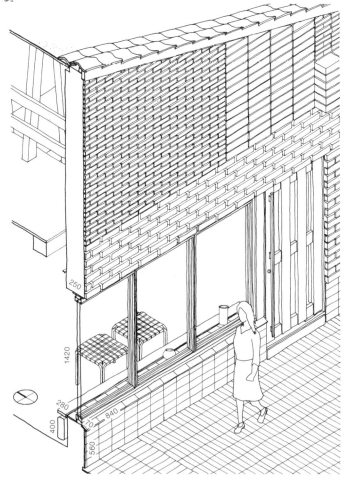

MUURATSALO EXPERIMENTAL HOUSE (1953)

Sauna

Alvar Aalto　　　　ムーラッツァロの実験住宅／夏の家のサウナ

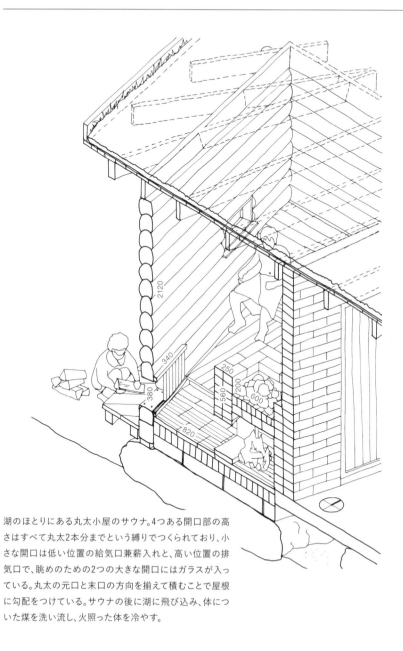

湖のほとりにある丸太小屋のサウナ。4つある開口部の高
さはすべて丸太2本分までという縛りでつくられており、小
さな開口は低い位置の給気口兼薪入れと、高い位置の排
気口で、眺めのための2つの大きな開口にはガラスが入っ
ている。丸太の元口と末口の方向を揃えて積むことで屋根
に勾配をつけている。サウナの後に湖に飛び込み、体につ
いた煤を洗い流し、火照った体を冷やす。

JYVÄSKYLÄ UNIVERSITY SWIMMING HALL (1955)

Alvar Aalto   ユヴァスキュラ大学プール棟

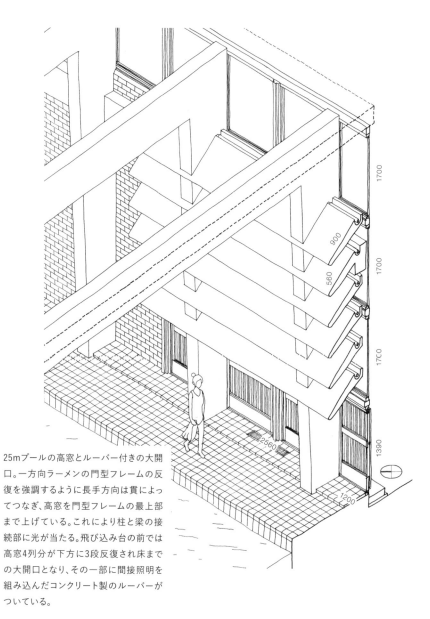

25mプールの高窓とルーバー付きの大開
口。一方向ラーメンの門型フレームの反
復を強調するように長手方向は貫によっ
てつなぎ、高窓を門型フレームの最上部
まで上げている。これにより柱と梁の接
続部に光が当たる。飛び込み台の前では
高窓4列分が下方に3段反復され床まで
の大開口となり、その一部に間接照明を
組み込んだコンクリート製のルーバーが
ついている。

RAUTATALO OFFICE BUILDING (1955)

Atrium

Alvar Aalto

ラウタタロ／
鉄鋼業者協同組合ビルのアトリウム

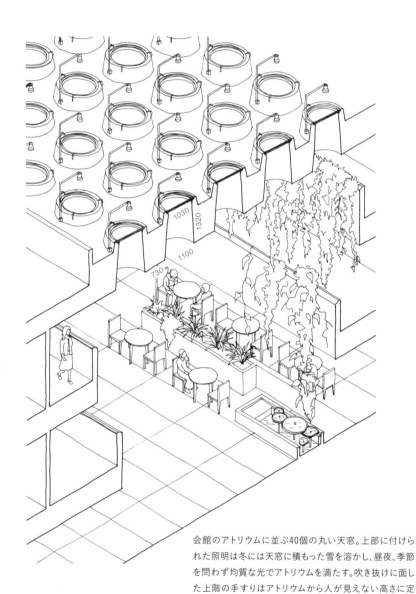

1030
1320
1100
730

会館のアトリウムに並ぶ40個の丸い天窓。上部に付けられた照明は冬には天窓に積もった雪を溶かし、昼夜、季節を問わず均質な光でアトリウムを満たす。吹き抜けに面した上階の手すりはアトリウムから人が見えない高さに定められており、天井に規則正しく並ぶ天窓を際立たせ、光を反射して下まで届ける。

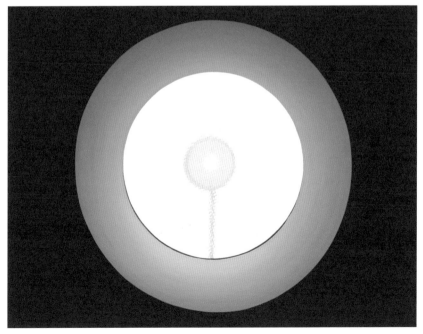

NATIONAL PENSIONS INSTITUTE (1956)

Atrium

Alvar Aalto

国民年金協会ビルのアトリウム

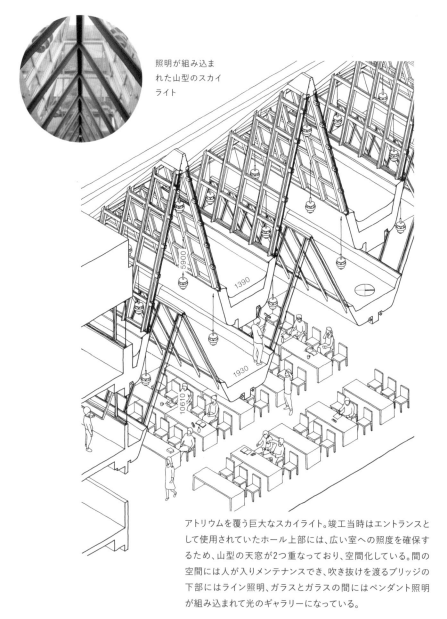

照明が組み込ま
れた山型のスカイ
ライト

アトリウムを覆う巨大なスカイライト。竣工当時はエントランスと
して使用されていたホール上部には、広い室への照度を確保す
るため、山型の天窓が2つ重なっており、空間化している。間の
空間には人が入りメンテナンスでき、吹き抜けを渡るブリッジの
下部にはライン照明、ガラスとガラスの間にはペンダント照明
が組み込まれて光のギャラリーになっている。

HOUSE OF CULTURE (1958)

Office

Alvar Aalto

文化の家のオフィス棟

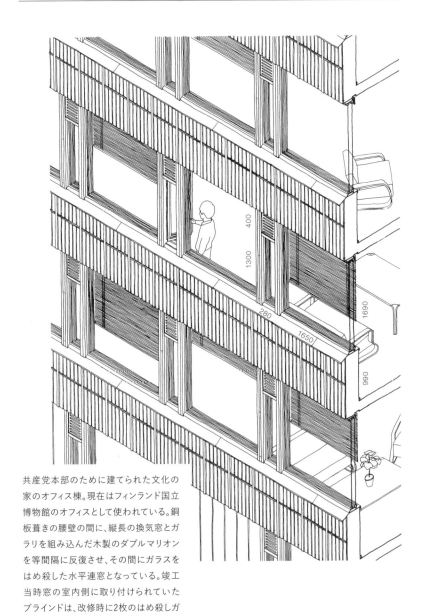

共産党本部のために建てられた文化の
家のオフィス棟。現在はフィンランド国立
博物館のオフィスとして使われている。銅
板葺きの腰壁の間に、縦長の換気窓とガ
ラリを組み込んだ木製のダブルマリオン
を等間隔に反復させ、その間にガラスを
はめ殺した水平連窓となっている。竣工
当時窓の室内側に取り付けられていた
ブラインドは、改修時に2枚のはめ殺しガ
ラスの間に内蔵された。

LAKEUDEN RISTI CHURCH (1960)

Alvar Aalto   ラケウデン・リスティ教会

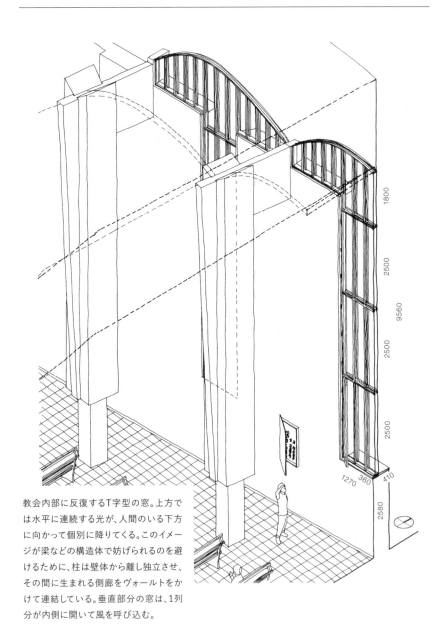

教会内部に反復するT字型の窓。上方で
は水平に連続する光が、人間のいる下方
に向かって個別に降りてくる。このイメー
ジが梁などの構造体で妨げられるのを避
けるために、柱は壁体から離し独立させ、
その間に生まれる側廊をヴォールトをか
けて連結している。垂直部分の窓は、1列
分が内側に開いて風を呼び込む。

LAKEUDEN RISTI CHURCH (1960)

Chancel

Alvar Aalto

ラケウデン・リスティ教会の祭壇

身廊で反復されたヴォールト天井は、祭壇の後ろで壁に連続して床まで至り、十字架の背景から天井と壁の分節を消している。祭壇の両側にある高窓に設置されたコンクリート製ルーバーは、この曲面を照らすように角度が設定されており、十字架が光を背に浮き上がるようにしている。参拝者からは見えないルーバーの裏側に照明が納められている。

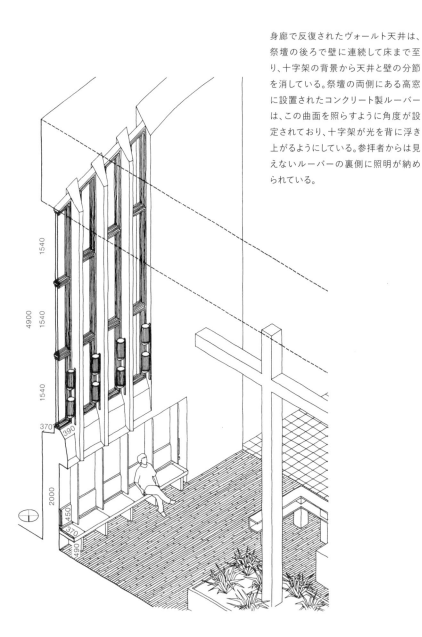

STUDIO AALTO (1962)

Atelier

Alvar Aalto

アアルトスタジオのアトリエ

コの字型の建物に囲われた中庭に臨む水平連窓。6つのはめ殺し窓が中庭の円形劇場の石段に合わせて弧を描いて反復することで、最上段の室内席として位置づけられている。冬には中庭の壁に投影された映画を室内から鑑賞した。二重サッシのはめ殺しの室内側は掃除のために跳ねあげることができ、下枠には間で結露した水が排出される水抜き孔が設けられている。連窓の端に換気用の板戸がある。

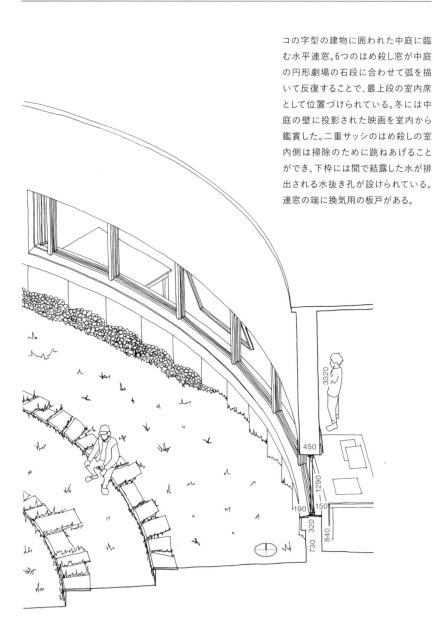

STUDIO AALTO (1962)

Atelier (Top light)

Alvar Aalto

アアルトスタジオのアトリエ（天窓）

スタジオの一角に光を落とす天窓。屋根面
では開口を丸く絞り込み、天井面では壁柱
に光を落とすよう三角形の底辺を長く広
げ、この2つの断面をつなぐように天窓がつ
くられている。壁柱は文化の家のための試
作としてつくられたものである。

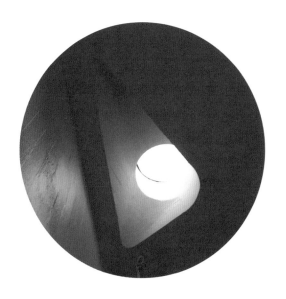

STUDIO AALTO (1962)

Meeting room

Alvar Aalto

アアルトスタジオの会議室

会議室にある横長の開口は、外に傾斜した奥の
壁とメインヴォリュームの外壁との間に設けられ
た天窓により、均質な光に満たされている。垂壁
により天窓は見えない。陽がない時には垂壁に
設置された間接照明がこれを補う。ここに模型や
図面を展示してプレゼンテーションが行われた。
同じ仕組みをもつ日本の茶問屋の「拝見窓」は黒
く塗りこめられているのに対し、これは白く塗りこ
められている。

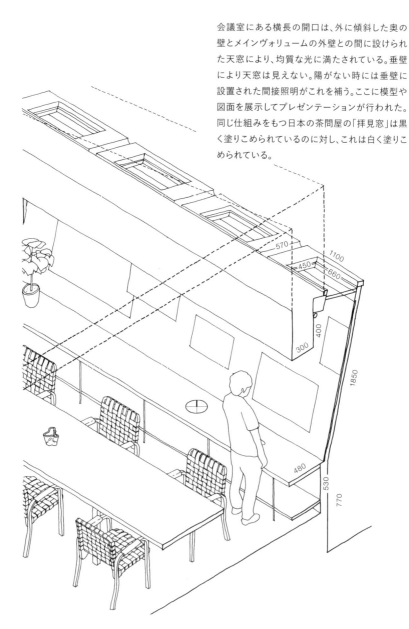

STUDIO AALTO (1962)

Drafting room

Alvar Aalto

アアルトスタジオの製図室

門型の柱梁の桁行方向いっぱいに、勾配天井の最上部に達する高窓が連続し、その下の壁部に小さな換気用板戸が設けられている。高窓から入った光は白く塗られた勾配天井に当たり室内に拡散する。外部では柱のそばに取り付けられた鉄棒に植物が蔓を伸ばし、窓越しに緑を眺めることができる。外の環境を感じながら、外から覗かれないような配慮がなされている。

ENSO-GUTZEIT CO. HEADQUARTERS (1962)

Alvar Aalto   エンソ゠グートツァイト本社ビル

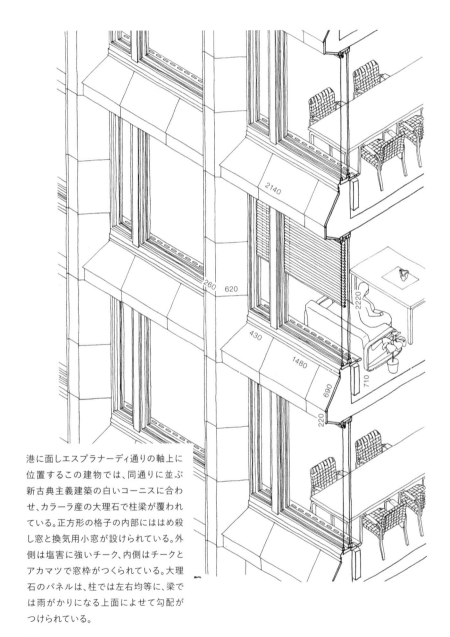

港に面しエスプラナーディ通りの軸上に位置するこの建物では、同通りに並ぶ新古典主義建築の白いコーニスに合わせ、カラーラ産の大理石で柱梁が覆われている。正方形の格子の内部にははめ殺し窓と換気用小窓が設けられている。外側は塩害に強いチーク、内側はチークとアカマツで窓枠がつくられている。大理石のパネルは、柱では左右均等に、梁では雨がかりになる上面によせて勾配がつけられている。

SEINÄJOKI LIBRARY (1965)

Reading room

Alvar Aalto

セイナヨキの図書館の閲覧室

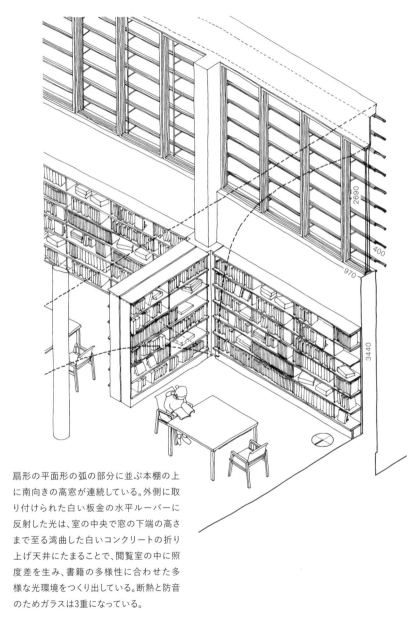

2690

400

970

3440

扇形の平面形の弧の部分に並ぶ本棚の上
に南向きの高窓が連続している。外側に取
り付けられた白い板金の水平ルーバーに
反射した光は、室の中央で窓の下端の高さ
まで至る湾曲した白いコンクリートの折り
上げ天井にたまることで、閲覧室の中に照
度差を生み、書籍の多様性に合わせた多
様な光環境をつくり出している。断熱と防音
のためガラスは3重になっている。

ACADEMIC BOOKSTORE (1969)

Alvar Aalto

アカデミア書店ビル

銅板で覆われた柱梁の格子に、大判ガ
ラスがはめ殺されている。窓の抱き部
分に細長い内開き戸がついていて、柱
の前にあるガラリから外気を取り入れ
ることができる。2枚のガラスの間には
遮光用スクリーンが設けられている。エ
スプラナーディ通りに面する窓には、新
古典主義建築の街並みに配慮し、白の
門型アルミニウム板（元は大理石製）が
取り付けられている。

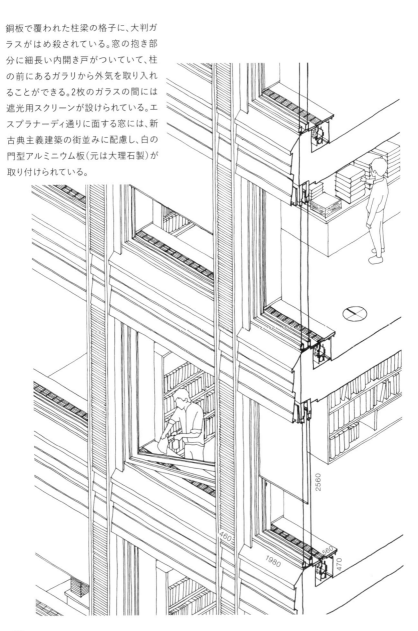

ACADEMIC BOOKSTORE (1969)

Atrium

Alvar Aalto

アカデミア書店ビルのアトリウム

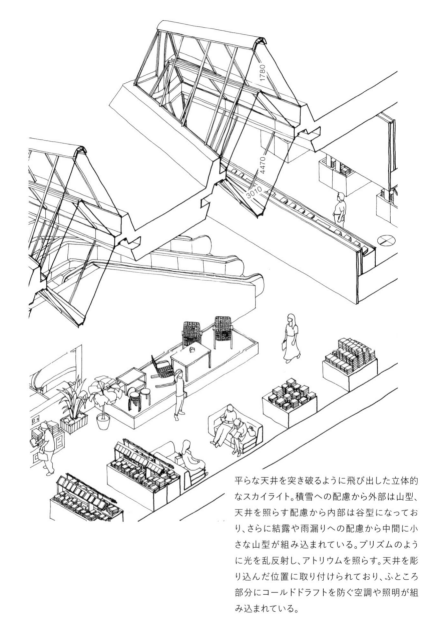

平らな天井を突き破るように飛び出した立体的なスカイライト。積雪への配慮から外部は山型、天井を照らす配慮から内部は谷型になっており、さらに結露や雨漏りへの配慮から中間に小さな山型が組み込まれている。プリズムのように光を乱反射し、アトリウムを照らす。天井を彫り込んだ位置に取り付けられており、ふところ部分にコールドドラフトを防ぐ空調や照明が組み込まれている。

RESURRECTION CHAPEL IN TURKU (1941)

Erik Bryggman

トゥルクの復活の礼拝堂

アアルトと同時代にトゥルクに拠点をもった建築家ブリュッグマン設計の礼拝堂。低く抑えた側廊からの光が床に反射しその上の小窓がヴォールト天井をうっすらと照らす身廊部分に対し、一回り小さいヴォールトによって型取られたアプスは、会衆者から見えない位置にある南東向きの大開口によって明るく照らされ祭壇を浮かび上がらせる。大開口の割付が内と外で違うのは改修によるものか?

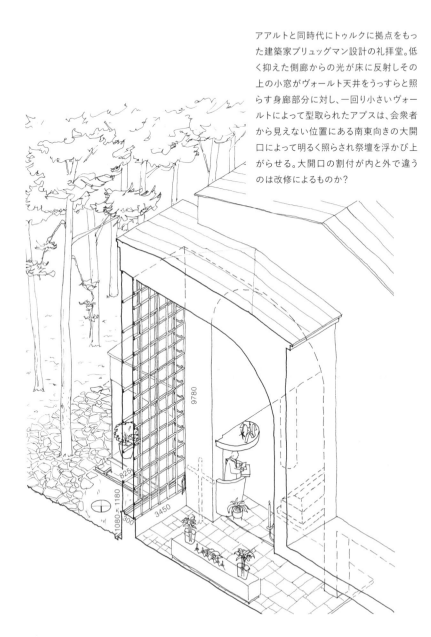

アアルトの窓の心地よさを支えた技術と生産体制

塚本晃子

モダニズムに影響を受けながらも、フィンランドの自然や風土を大切に独自の建築をつくりあげたアアルトは、建築がまだ民族誌に属している時代に建築を学び、実務経験を積む過程で産業化の波に遭遇した。彼は、自然環境や人のふるまいへのさまざまな配慮がありながら、産業化や工業化との衝突で均衡を失いつつある民族誌的連関の中に新しい均衡を見出し、さまざまな要素を排除することなく統合し、心地よい居場所を生み出した。そのデザインは内外の結節点である窓に先鋭化しており、熱源の変化やガラスの製造技術の発達などの技術や産業の変容とともに、アアルトの窓まわりの設えは変化していった。ここでは、時代ごとのアアルトの作品を取り上げ、技術の変遷と窓まわりのデザイン、生産体制のネットワークの2つの観点から、民族誌的連関と産業社会的連関に対して、窓を通してどのように均衡がはかられてきたかを明らかにしたい。

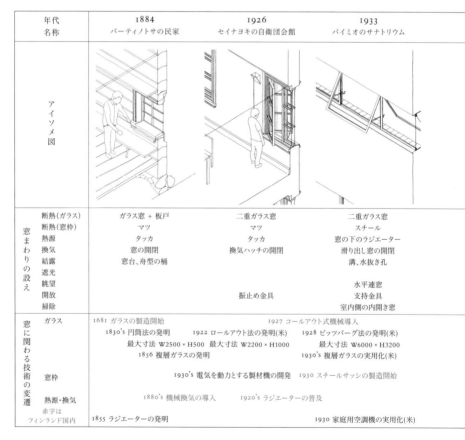

年代 / 名称	項目	1884 パーティノトサの民家	1926 セイナヨキの自衛団会館	1933 パイミオのサナトリウム
アイソメ図				
窓まわりの設え	断熱(ガラス)	ガラス窓 + 板戸	二重ガラス窓	二重ガラス窓
	断熱(窓枠)	マツ	マツ	スチール
	熱源	タッカ	タッカ	窓の下のラジエーター
	換気	窓の開閉	換気ハッチの開閉	滑り出し窓の開閉
	結露	窓台、舟型の桶		溝、水抜き孔
	遮光			
	眺望			水平連窓
	開放		振止め金具	支持金具
	掃除			室内側の内開き窓
窓に関わる技術の変遷（赤字はフィンランド国内）	ガラス	1681 ガラスの製造開始　1830's 円筒法の発明　最大寸法 W2500×H500　1856 複層ガラスの発明	1922 ロールアウト法の発明(米)　最大寸法 W2200×H1000	1927 コールアウト式機械導入　1928 ピッツバーグ法の発明(米)　最大寸法 W6000×H3200　1930's 複層ガラスの実用化(米)
	窓枠		1930's 電気を動力とする製材機の開発	1930 スチールサッシの製造開始
	熱源・換気	1880's 機械換気の導入　1855 ラジエーターの発明	1920's ラジエーターの普及	1930 家庭用空調機の実用化(米)

図1 技術の変遷とアアルトの作品における窓まわりの設えの変化

技術の変遷と窓まわりのデザイン

フィンランドの伝統的な民家では、主に暖炉やタッカ（建物の中心で使うストーブ）と呼ばれる薪を用いる装置で暖を取り、窓は断熱のため小さく、シングルガラスの結露は窓台の下の舟型の結露受けで集水した。ニエメラの農家（p.132）にみられるように、窓脇に取り付けられたホルダーに薪を固定し燃やすことで明かりを得るとともに、窓からの冷気を和らげていた。

アアルトのキャリアの中での窓まわりの技術的な変容は、主に熱源、ガラス、換気、窓枠の4点があげられる（図1）。熱源については、初期の作品であるセイナヨキの自衛団会館（1926、p.140）では

タッカが用いられ、窓辺は寒く、窓まわりで人のふるまいを促すような設えはみられなかった。1930年代には、暖炉やタッカといった暖房装置が温水式のラジエーターに置き換えられた。窓からのコールドドラフトを防ぐためにラジエーターは窓下に設けることが多く、窓まわりの要素として加わることになった。アアルト自邸（1936、p.154）ではラジエーターの上に花台をつくり植物を育てることで、上昇する暖気を有効に利用している（図3）。セイナッツァロの村役場（1952、p.160）では、窓台の前にレンガ積みのベンチを設けることで、温まったベンチに人が座ることができる。花台やベンチによって隠されたラジエーターの暖気の対流が妨げられないよう、窓際にはスリットが設けられた（図4）。

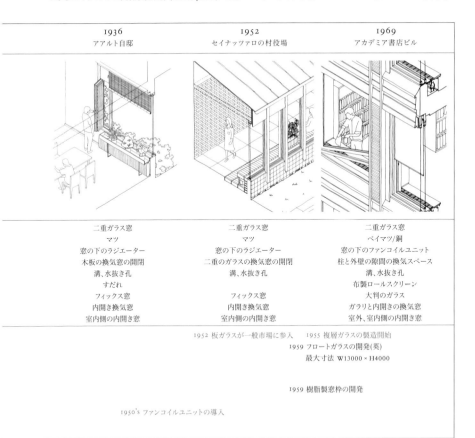

1936 アアルト自邸	**1952** セイナッツァロの村役場	**1969** アカデミア書店ビル
二重ガラス窓	二重ガラス窓	二重ガラス窓
マツ	マツ	ベイマツ/銅
窓の下のラジエーター	窓の下のラジエーター	窓の下のファンコイルユニット
木板の換気窓の開閉	二重のガラスの換気窓の開閉	柱と外壁の隙間の換気スペース
溝、水抜き孔	溝、水抜き孔	溝、水抜き孔
すだれ		布製ロールスクリーン
フィックス窓	フィックス窓	大判のガラス
内開き換気窓	内開き換気窓	ガラリと内開きの換気窓
室内側の内開き窓	室内側の内開き窓	室外、室内側の内開き窓

1952 板ガラスが一般市場に参入　1955 複層ガラスの製造開始
1959 フロートガラスの開発(英)
最大寸法 W13000×H4000

1959 樹脂製窓枠の開発

1950's ファンコイルユニットの導入

アアルトの時代、ガラス製造技術の進歩は著しかった。ピッツバーグ法などの発明（1928）により大判のガラスが製造され、遮るもののない眺望が得られるようになったが、同時に換気への配慮が必要となった。アアルト自邸のダイニングでは、幅、高さともに約2mの大判ガラスが用いられたが、二重のガラス窓は重く開放しにくいため、脇に通風換気のための縦長の木製開き戸が設けられている（図3）。この大判ガラス窓と換気窓の組み合わせは、アアルトの建築で頻繁に使われている。

　1950年代になると、機械式空調としてファンコイルユニットが用いられるようになり、開閉機構のないいわゆるカーテンウォールが建設されるようになった。しかしアアルトは、ファンコイルユニットを取り入れたアカデミア書店ビル（1969、p.196）において、方立部分を換気経路とするべく、窓の抱きにスリット状の開き戸を設け、自然換気ができるようにした（図5）。オフィスビルや商業ビルにおいてもアアルトは窓を開けて自然の風を取り入れることをいつも試みており、近代化を進めながら

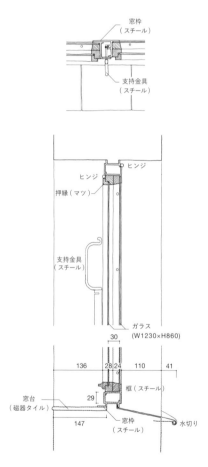

図2　パイミオのサナトリウム
廊下の窓 平面詳細図1/10（上）、断面詳細図1/10（下）

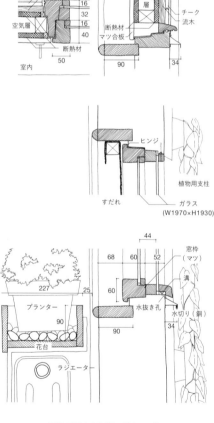

図3　アアルト自邸のダイニング
木製換気窓 平面詳細図1/10（上左）、
断面詳細図1/10（上右）、
ガラス窓 断面詳細図1/10（下）

も民族誌的連関の中心であった自然とのつながりを保っている。

窓枠と窓框には、伝統的には国内に自生するマツやトウヒなどの針葉樹を用いるのが一般的であった。1930年代、アアルトはモダニズム建築の影響を受け、当時の先進的技術であったスチールサッシを取り入れた。パイミオのサナトリウム（1933、pp.144–153）では、華奢な窓枠で多くの光が得られる水平連窓を設計し、新しい換気方法のためにオリジナルの開閉機構をデザインするなど、積極的にスチールサッシの可能性を追求した（図2）。しかし、鉄は熱伝導率が高く結露が酷かった。同じ時期に建設されたトゥルン・サノマット新聞社ビルの窓（1930、p.142）では、鉄製のサッシのまわりの結露によって生じた水が凍結し窓が開けられなくなり、改修を余儀なくされた。このような失敗からアアルトは木製枠を再び用いるようになった。

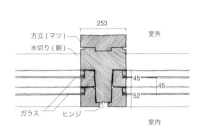

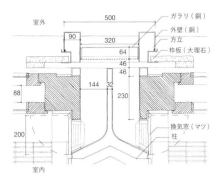

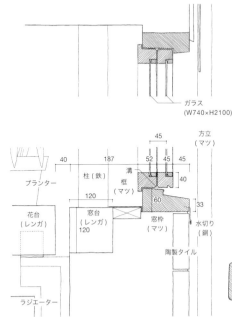

図4　セイナッツァロの村役場
廊下の窓 平面詳細図1/10（上）、断面詳細図1/10（下）

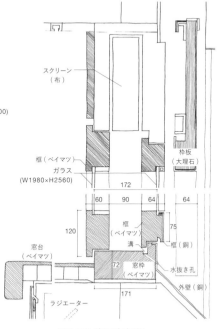

図5　アカデミア書店ビル
換気窓 平面詳細図1/20（上）、
ガラス窓 断面詳細図1/10（下）

窓まわりの生産体制のネットワーク

アアルトの建築における生産ネットワークを整理すると、アアルトが仕事を始めた20世紀初頭は、建築材料は国内産が主で、木製窓枠や銅製の水切りなど国内の素材を近隣の工房で加工していた。セイナヨキの自衛団会館は、全体の構成は新古典主義に基づきながら、地域の伝統的な木造工法によって建てられ、インテリアには部分的に郷土的なモチーフが用いられるなど、民族

誌的連関が色濃い作品である。1920年代には、モダニズムの影響を受けてさまざまな先進的技術を試行し、国内で手に入らない材料を輸入し近隣の工房で加工して用いた。パイミオのサナトリウムでは、鉄鋼業が盛んなオランダから鉄を輸入し、地元トゥルクの造船業の技術でオリジナルのスチールサッシを製作した。ラジエーターもスウェーデン産のものが取り付けられた(図6)。1930～40年代は、アアルト自身モダニズムを昇華させて独自の表現を磨いており、さらに日本

生産ネットワーク図：

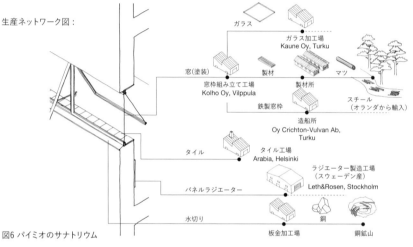

図6 パイミオのサナトリウム

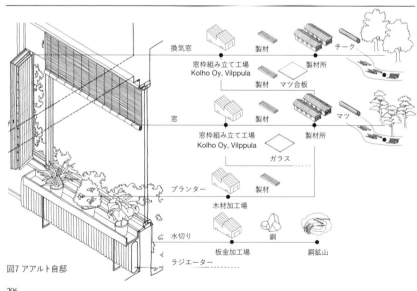

図7 アアルト自邸

建築の影響を受けたアアルト自邸では、輸入材であるチークやすだれなど、次第に国外の材料を用いることも増えてきた（図7）。しかし1950年代の戦後復興期においては建設材料が制限され、セイナッツァロの村役場では、大判ガラスやコンクリートの使用制限により、幅の狭いガラスを、地元産のマツでつくった窓枠や方立に納めた。加えて、地元の職人による手づくりのレンガが窓まわりを飾った（図8）。復興が落ち着いた晩年も、アカデミア書店ビル等多くのヘ

ルシンキの都市型建築でファサードにフィンランドで製造が盛んな銅を用いるなど、自国の資源を利用して街並みをつくろうとした（図9）。

このように、フィンランドの厳しい寒さや、太陽光への配慮を重ねたディテールや素材の工夫を通して、技術や生産体制の変化を受容し、自然環境や人のふるまいがともに心地よい居場所をつくりあげたアアルトの窓は、20世紀に猛烈に領土を広げた産業社会的連関に移行しきらず、民族誌的連関と均衡させたハイブリッドの好例なのである。

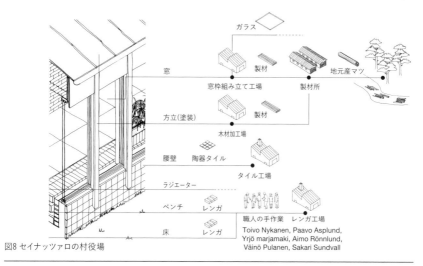

図8 セイナッツァロの村役場

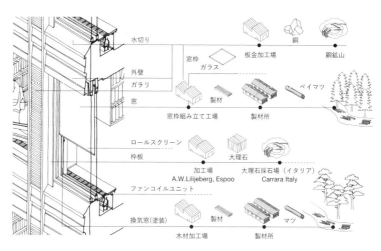

図9 アカデミア書店ビル

アルネ・ヤコブセン設計「ベルビュー・ビーチ監視塔」にて
（デンマーク・クランペンボー、2018年）

DENMARK

デンマーク

担当：千葉大喜

ALS ISLAND FARMHOUSE (18c)

Dining room

アルスの農家のダイニング

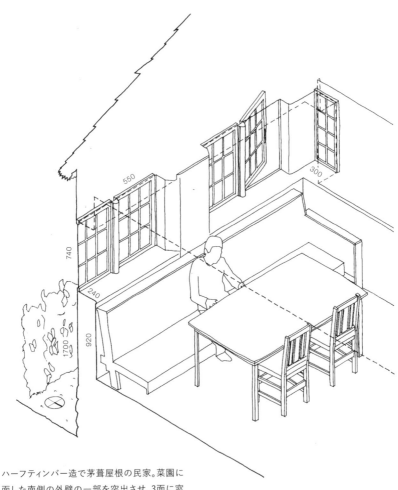

ハーフティンバー造で茅葺屋根の民家。菜園に
面した南側の外壁の一部を突出させ、3面に窓
を設けてベンチとダイニングテーブルを置くこ
とで、団らんの場所としての格を付けている。ゆ
らぎを含むハーフティンバーに高精度の窓を
収めるため、丁番は中心の方立につき、窓枠と
柱との間は漆喰で埋められている。壁面の突出
に沿った軒先と一文字の棟を結ぶ茅葺きがね
じれをやわらかく吸収している。

NYHAVN APARTMENT (18c)

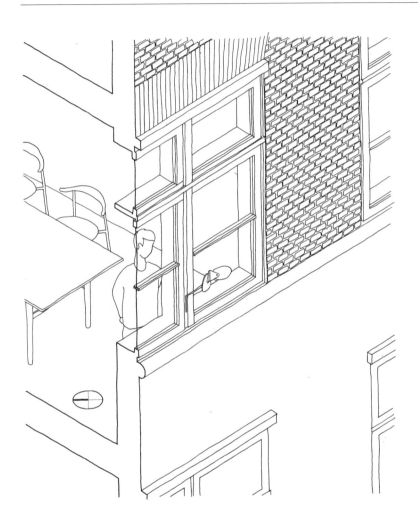

運河沿いに建ち並ぶ集合住宅のファサードには、窓の外側
に張り出したバタフライ型の二面鏡がついており、室内にい
ながら街路の様子や船の到着などを観察することができる。
これは鍛冶屋が壊れた鏡を用いて考案したものが始まりで、
「Gadespejl（街路鏡）」と呼ばれており、1850年代に思い思い
の形で市民の間に広まった。

DANSK TENNIS CLUB (1925)

Henry Madsen　　　　　　　　　ダンスクテニスクラブ

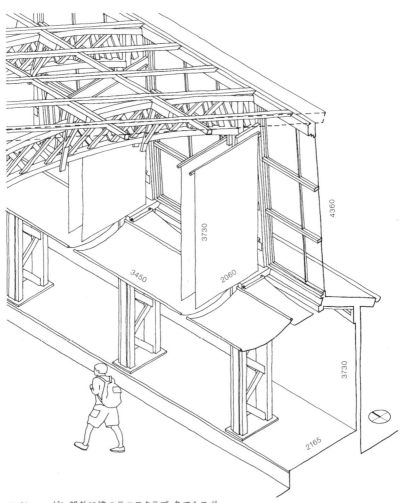

コペンハーゲン郊外に建つテニスクラブ。冬でもスポー
ツを楽しめる屋内化されたテニスコートには大きなハイ
サイドライトが取られており、安定した照度を得てかつプ
レーヤーに対して眩しくなりすぎないように、船の帆を思
わせる白い布で光をとらえ拡散する港町らしい解決が取
られている。調査で訪れた9月末、白い布は洗濯されて、
冬のシーズンに備えてやわらかく輝いていた。

GRUNDTVIG'S CHURCH (1940)

Peder Vilhelm Jensen-Klint

グルントヴィークス教会

歴史折衷主義が流行する中、建築家の美意識と職人の質素で合
理的な仕事との間に乖離があると訴え、ビルダーズスクールを立ち
上げ(1901)レンガ積み職人への図面提供や講座を実施し、レンガ
組積造による建築表現の端緒を開いたクリントは、教会の設計競
技(1913)を、田舎の教会に倣いレンガのみで構築した案で勝ちと
り、その建設指導に生涯を捧げた。尖塔アーチの透明なガラス窓か
ら差し込む光は、手作業で研磨された600万個の黄色レンガの平滑
な表面で拡散し、礼拝堂を満たしている。

VODROFFSVEJ APARTMENT (1929)

Kay Fisker, C.F. Møller　　　　　　ボードロフ通りの集合住宅

貯水湖沿いの集合住宅で、土手側の住戸が通り側に比べ
て半階分高くなっており、各階の窓とバルコニーの高さに
揃えられた赤と黄の水平なレンガの帯によりそのずれが
表現されている。一見すると鉄筋コンクリート造のようだ
が、実際はレンガ組積造であり、下から上に徐々に薄くな
る壁に合わせて鉄骨のまぐさを1階では3本、それより上階
では2本並べることでこれを実現している。

STORGÅRDEN APARTMENT (1935)

Povl Baumann, Knud Hansen 　　　　　ストアゴーデン集合住宅

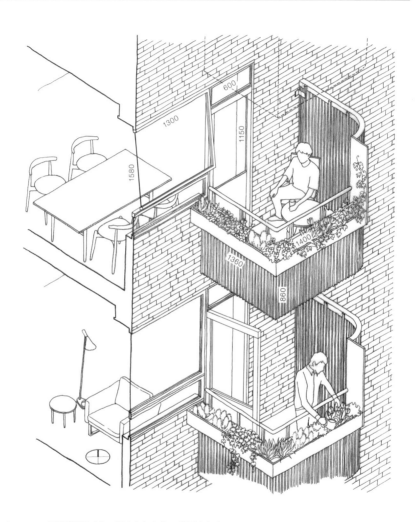

バルコニーが避難経路として認められた後に計画されたこの
集合住宅では、両側の立面にバルコニーが反復している。窓と
バルコニーはガラス框戸部分で重なりつつ、平面的にずれて
いて、プランターを仕込んだ手すりでリビングからの眺めが遮
られることも、下階の窓に影を落とすこともない。輻射熱で暖
かい外壁を背にしたバルコニーは、北側の1.8mの仕切り壁に
より、冷たい風と隣家の視線から守られている。

VESTERSØHUS APARTMENT (1939)

Kay Fisker, C.F. Møller　　　　　　フェスター湖通りの集合住宅

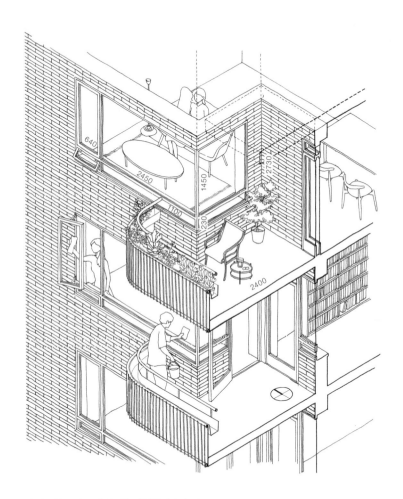

リビングルームの窓は、横に掘り込まれたバルコ
ニー側に回り込み、南向きのコーナーウィンドウ
になるため、窓辺の明るさが長続きする。奥行き
2.4mの深いバルコニーには、夏になるとデッキチ
ェアが置かれ、日光浴の場となる。バルコニーと
窓が1m被っているため、横長の大きなはめ殺し窓
を外側から掃除することができる。

VESTERSØHUS APARTMENT (1939)

Office

Kay Fisker, C.F. Møller

フェスター湖通りの集合住宅の事務室

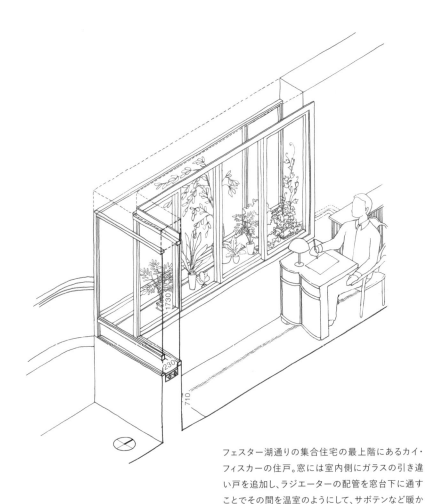

フェスター湖通りの集合住宅の最上階にあるカイ・フィスカーの住戸。窓には室内側にガラスの引き違い戸を追加し、ラジエーターの配管を窓台下に通すことでその間を温室のようにして、サボテンなど暖かい地方の植物を育てた。コールドドラフトが抑えられ、明るく眺めの良い窓辺に机を置いて仕事することを彼は好んだ。

DRONNINGEGÅRDEN APARTMENT (1958)

Kay Fisker, C.F. Møller　　　　　　ドロニングゴーデン集合住宅

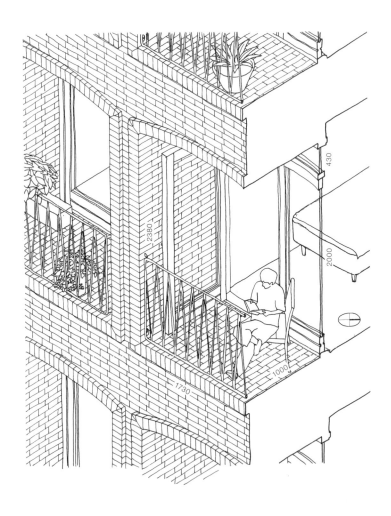

第二次世界大戦による材料不足のため、セメントと鉄筋
の使用量を抑えるべく、バルコニーはキャンチレバーで
はなく、外壁をアーチ状に掘り込んで構造壁で個別に仕
切られたものになっているが、外開きのドアを開けたま
まその壁に固定する金具を用意することで、室内とバル
コニーを連続的に使うように誘っている。

JACOBSEN'S HOUSE (1929)

Dining room

Arne Jacobsen

ヤコブセン自邸のダイニング

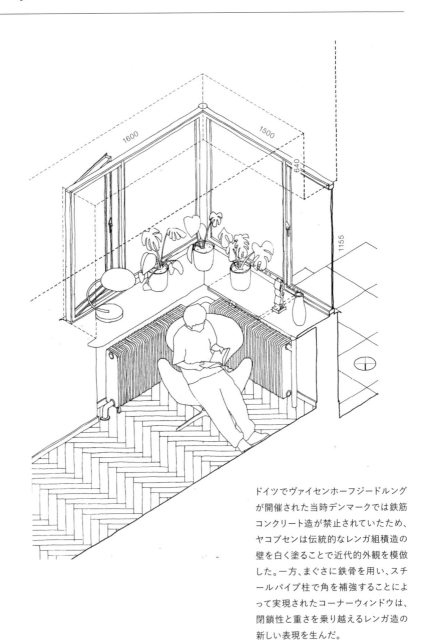

ドイツでヴァイセンホーフジードルング
が開催された当時デンマークでは鉄筋
コンクリート造が禁止されていたため、
ヤコブセンは伝統的なレンガ組積造の
壁を白く塗ることで近代的外観を模倣
した。一方、まぐさに鉄骨を用い、スチ
ールパイプ柱で角を補強することによ
って実現されたコーナーウィンドウは、
閉鎖性と重さを乗り越えるレンガ造の
新しい表現を生んだ。

LAURITZEN HOUSE (1932)

Dining room
Arne Jacobsen

ラウリッツェン邸のダイニング

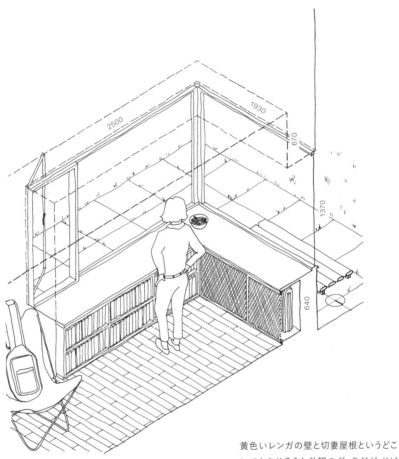

黄色いレンガの壁と切妻屋根というどこ
にでもありそうな外観のヴィラだが、リビ
ングルームの横長の窓とダイニングルー
ムのコーナーウィンドウは従来のレンガ
造には見られない窓である。コーナーウ
ィンドウの出隅を構成する二面ははめ殺
しで、南面の壁側を吊り元にした外開き
窓が設けられている。窓台の下に納まる
本棚とラジエーターボックスには同じモ
ールディングが施されている。

LAURITZEN HOUSE (1932)

Living room

Arne Jacobsen

ラウリッツェン邸の居間

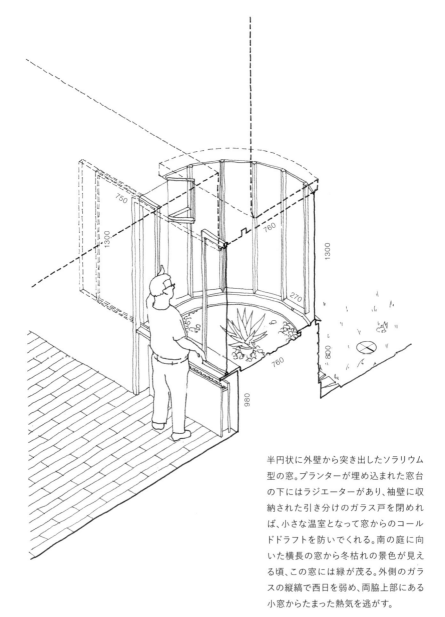

半円状に外壁から突き出したソラリウム
型の窓。プランターが埋め込まれた窓台
の下にはラジエーターがあり、袖壁に収
納された引き分けのガラス戸を閉めれ
ば、小さな温室となって窓からのコール
ドドラフトを防いでくれる。南の庭に向
いた横長の窓から冬枯れの景色が見え
る頃、この窓には緑が茂る。外側のガラ
スの縦縞で西日を弱め、両脇上部にある
小窓からたまった熱気を逃がす。

BELLAVISTA APARTMENTS (1934)

Arne Jacobsen

ベラヴィスタ集合住宅

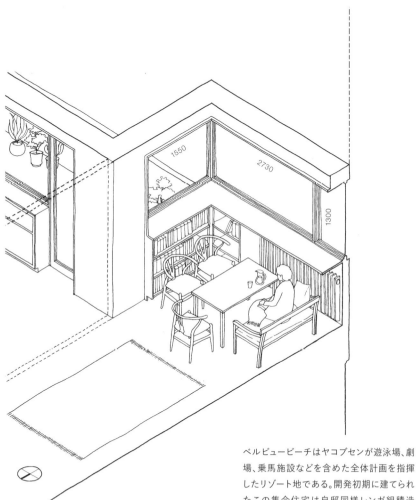

ベルビュービーチはヤコブセンが遊泳場、劇場、乗馬施設などを含めた全体計画を指揮したリゾート地である。開発初期に建てられたこの集合住宅は自邸同様レンガ組積造で、ビーチを望むように外壁が雁行し、出隅にコーナーウィンドウが、入隅にバルコニーが設けられている。部屋の奥のデスク、窓辺のダイニングテーブル、バルコニーのテーブルセットなど、複数の居場所が海への眺望軸上に統合されている。

JACOBSEN'S SUMMERHOUSE (1938)

Living room

Arne Jacobsen

ヤコブセン夏の家の居間

湾を望む松林の端に建てられた夏の家。細長いボリュームが湾の眺めに正対するように湾曲している。玄関から階段を上った2階正面にはラジエーターを備えた眺めの窓があり、右には暖炉とベンチを備えた座りの窓がある。ソファからは、眺めと暖炉の火が同時に楽しめ、暖炉脇で暖められたベンチでは北側からの光を背に読書が楽しめる。ベンチの下には着火剤となる新聞紙が貯められていた。

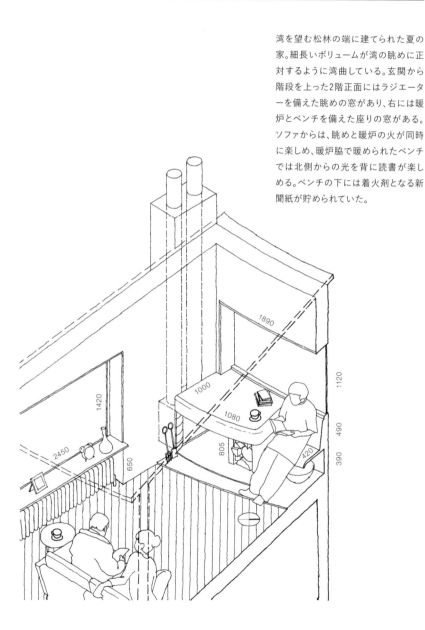

JACOBSEN'S SUMMERHOUSE (1938)

Bedroom

Arne Jacobsen

ヤコブセン夏の家の寝室

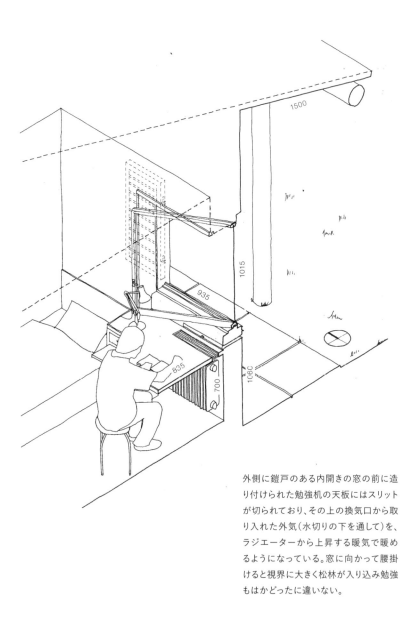

外側に鎧戸のある内開きの窓の前に造
り付けられた勉強机の天板にはスリット
が切られており、その上の換気口から取
り入れた外気（水切りの下を通して）を、
ラジエーターから上昇する暖気で暖め
るようになっている。窓に向かって腰掛
けると視界に大きく松林が入り込み勉強
もはかどったに違いない。

IBSTRUPPARKEN I (1942)

Arne Jacobsen   イブストラップパークンI集合住宅

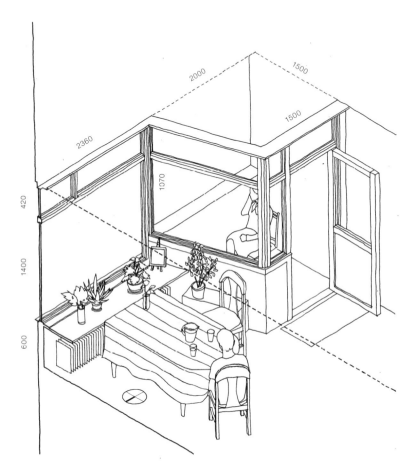

コペンハーゲンの集合住宅の原型とも
いえるレンガ組積造の兵舎型のボリュー
ムから、リビングルームの窓辺がコンクリ
ート造の白い箱として突き出している。掘
り込まれたバルコニーにはテーブルセッ
ト、室内側の窓辺にはダイニングテーブ
ルが想定され、窓が回り込んだ明るい内
外境界は、ドアから外に向かって広がる
ように斜めになっている。

SØHOLM I (1950)

Living room

Arne Jacobsen

スーホルムⅠの居間

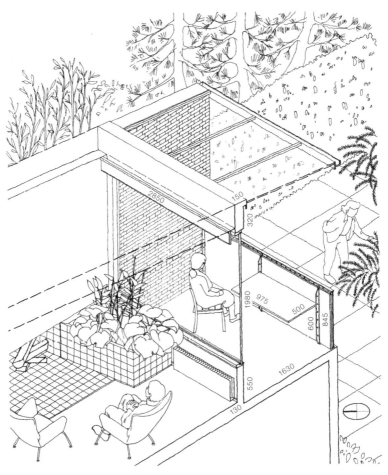

ベルビュービーチ開発の中期には2層のテラスハウス、スーホルムⅠが建てられ、ヤコブセン自身もそこに事務所を構えていた。平行するレンガ壁の間には海岸線を眺める大きな窓が設けられ、窓の先にはガラス屋根がかかるバルコニーがあり、手摺には跳ね上げ式の折り畳みテーブルが設えられている。ラジエーターと暖炉の両方から温められる窓辺のプランターには、腰壁からバルコニーに抜ける水抜き穴があり、直接土を入れて植物を育てることができる。

SØHOLM III (1954)

Bedroom

Arne Jacobsen

スーホルムⅢの寝室

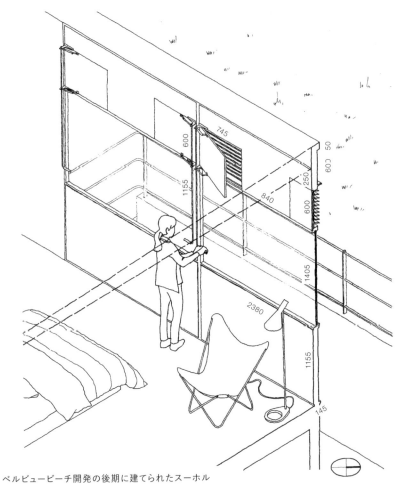

ベルビュービーチ開発の後期に建てられたスーホル
ムⅢは、周囲に建つ既存の集合住宅からの眺めを遮
らないように平屋のフラットルーフで建てられている。
非耐力壁は大判ガラスのはめ殺し窓、繊維強化セメン
ト板の腰壁パネル、ガラリ付換気窓といったプレファ
ブリケーションの部品で構成されている。上部の換気
窓の断熱材入りの扉はマグネットラッチ式で、窓の脇
のレバーで開閉できる。

SØHOLM III (1954)

Kitchen

Arne Jacobsen

スーホルム III のキッチン

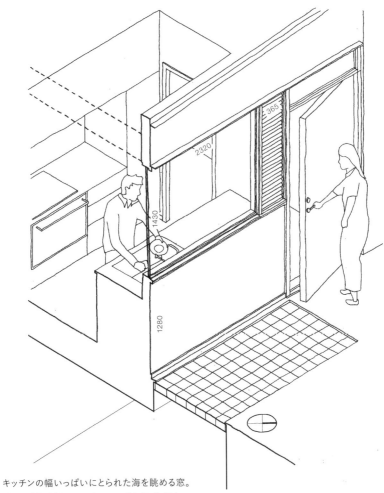

キッチンの幅いっぱいにとられた海を眺める窓。
横には欄間付きのエントランスがあり、炊事中で
もすぐに来客に対応できる。間に挟まるのは通
気ガラリ。残りの腰壁と垂れ壁を含めてすべてプ
レファブリケーションの部材で構成されており、
建設の合理性と生活の必要性の一致が小気味
よい。窓の外の床にはガラスブロックが敷き込ま
れ、地下に光を落としている。

MUNKEGAARD
ELEMENTARY SCHOOL (1956)

Classroom

Arne Jacobsen

ムンケゴー小学校の教室

ベビーブームを背景にヤコブセンは国内に3つの小学校を手がけた。2作目のムンケゴー小学校では各教室が中庭とセットとなり平面的に反復する。教室を均質に明るくするために、高度の低い昼光（夏至58度、冬至11度）をとらえるハイサイドライトを差し掛け屋根との間に設け、窓に内蔵されたブラインド（現在は室内側に改修）と白い天井で光を拡散している。

SAS ROYAL HOTEL (1960)

Arne Jacobsen

SASロイヤルホテル

コペンハーゲン旧市街に建つ唯一の
高層ビルであるSASロイヤルホテルの
客室の水平連窓。窓下部のグリルの
中にラジエーターが内蔵され、窓上部
にロールスクリーンと引き分けのカー
テン、アルミ方立3ユニットごとにはス
チール枠の内開き窓が設けられてい
る。客室境界壁は方立の見付に収まる
ため外からはオープンフロアのオフィ
スビルのようにみえる。室内からは旧
市街のパノラマが眺められる。

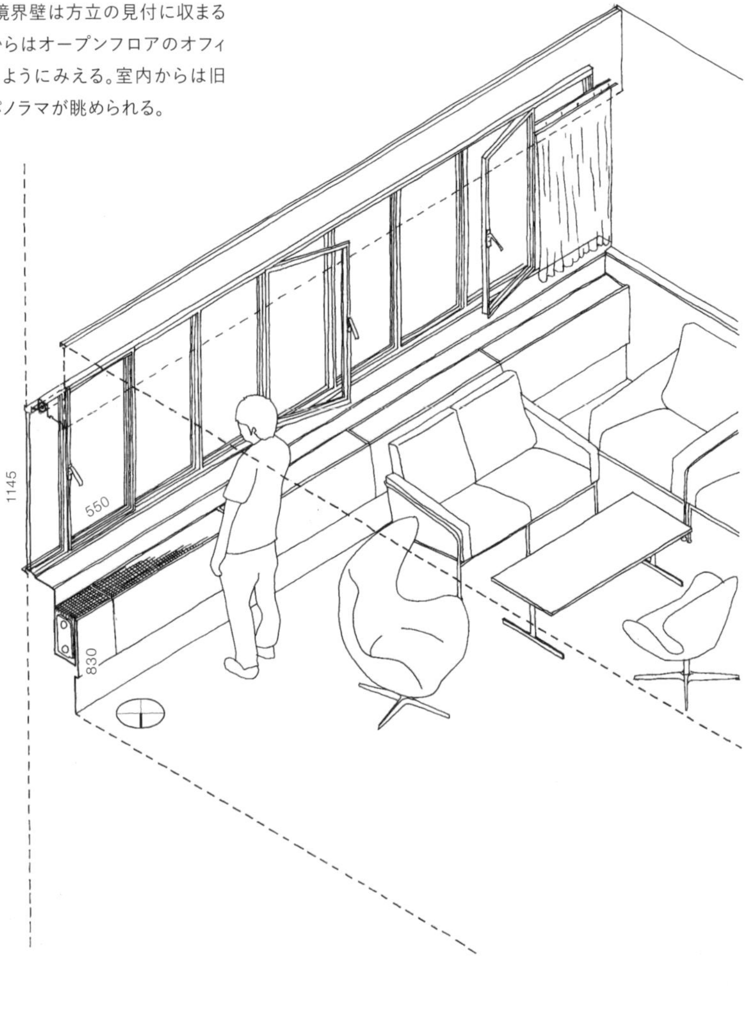

1145

550

830

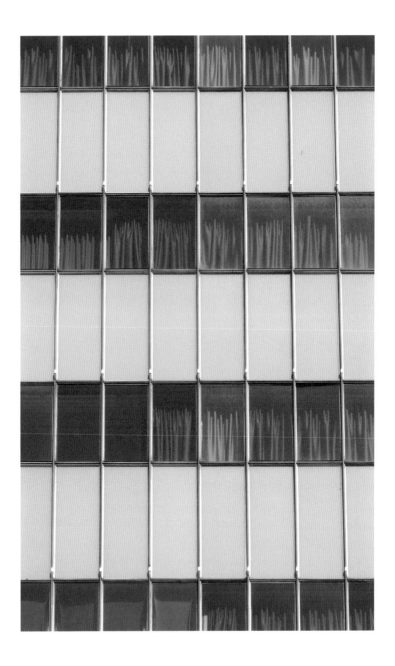

GERTIE WANDEL HOUSE (1961)

Living room

Arne Jacobsen

ゲーテ・ワンデル邸の居間

南北に並行する3列のレンガ壁と陸屋根で構成され梁間
方向の外壁を全面開口にした平屋のヴィラ。開口部はま
ず方立で開閉部とはめ殺し部の左右に分割され、開閉部
は換気窓と引き戸の上下に分割され、はめ殺し部は引き
戸の外付け上部レールと一体の無目で分割される。窓の
脇には上部の換気窓を操作するレバーがあり、外壁の基
礎部分には戸車用のレールが流れている。

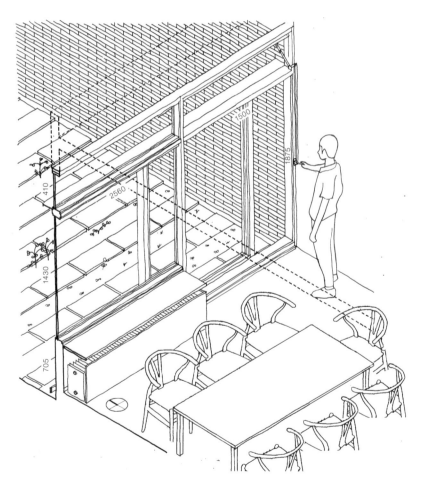

NYAGER ELEMENTARY SCHOOL (1964)

Corridor

Arne Jacobsen

ニュエア小学校の廊下

教室に挟まれた中廊下の天窓。壁の掲示
物や天井を照らすため、天井から吊り下
がった円筒状の乳白ガラスが光を拡散し
ている。円筒の中には蛍光灯が隠されて
おり照明としても機能する。

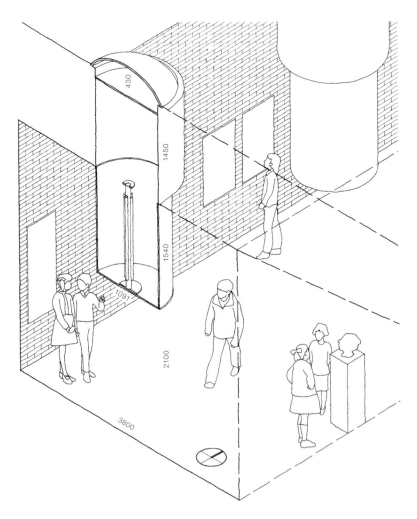

RØDOVRE LIBRARY (1969)

Reading room

Arne Jacobsen

レズオウア図書館の閲覧室

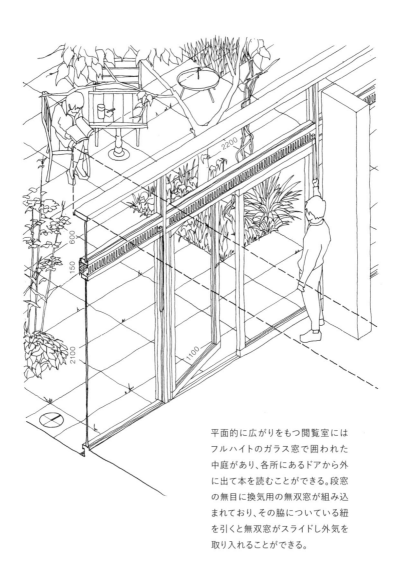

平面的に広がりをもつ閲覧室には
フルハイトのガラス窓で囲われた
中庭があり、各所にあるドアから外
に出て本を読むことができる。段窓
の無目に換気用の無双窓が組み込
まれており、その脇についている紐
を引くと無双窓がスライドし外気を
取り入れることができる。

RØDOVRE LIBRARY (1969)

Reading room (Top light)

Arne Jacobsen

レズオウア図書館の閲覧室（天窓）

中庭に面さないレファレンスコーナーには
大型の天窓が4つ設けられている。底面の
白いアルミ格子が、日の傾きに左右されず
光を真下に落とすことで、螺旋階段や、司
書の机にスポットを当てている。相似形を
なす中型・小型の照明が規則正しく配置
されたこの天井は「星空」の愛称で呼ばれ
ている。明るさの対比で天井が暗く見える
天窓問題を逆手にとり、あえて筒状に下げ
て天井を暗く見せている。

DENMARK NATIONAL BANK (1978)

Lobby

Arne Jacobsen

デンマーク国立銀行のロビー

大理石貼りの5層吹き抜けのエントラ
ンスロビーは外の喧騒から隔てられ
ており、スリット状の窓からの光がそ
の重厚さを際立たせている。入り口か
らロビーへ誘導するように曲がった風
除室は天井からワイヤーで吊られてい
る。湾曲したガラス壁に路上の光景が
歪んで映り込んでいる。

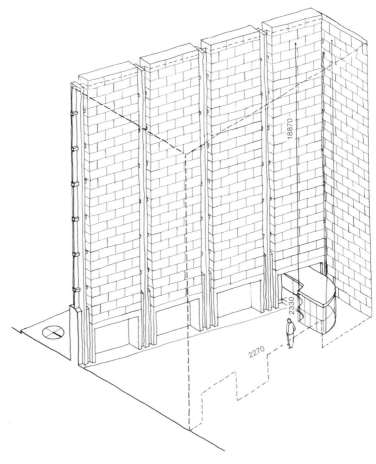

DENMARK NATIONAL BANK (1978)

Banking hall

Arne Jacobsen

デンマーク国立銀行のホール

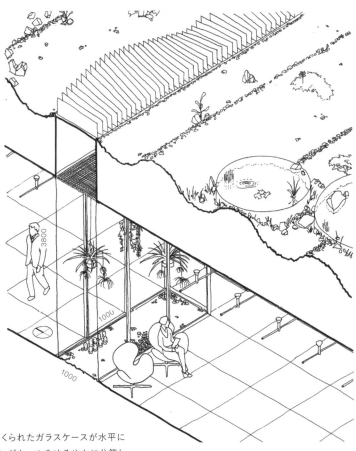

天窓の下につくられたガラスケースが水平に
広がるバンキングホールをゆるやかに分節し
ている。ホールの屋根面はオフィス棟の中庭
で、波打つ海面を表現した砂利と植物による
観賞用の庭園となっている。天窓がそれらを切
り取り光とともに降下させたこのガラスケース
は水中とみなすことができ、そのために植物は
全て宙に浮かべられている。

CARL KYLBERG'S HOUSE (1940)

Living room

Jørn Utzon

カール・キルバーグ邸の居間

海に面して建つ茅葺き民家を改修した、画家
カール・キルバーグのアトリエ兼住戸。居間
の窓は壁と屋根の両方にまたがり、空と海
の両方が見えるようになっている。実際、キ
ルバーグは空と海を題材にした油絵作品を
多く残している。

UTZON'S HOUSE (1952)

Living room

Jørn Utzon

ウッツォン自邸の居間

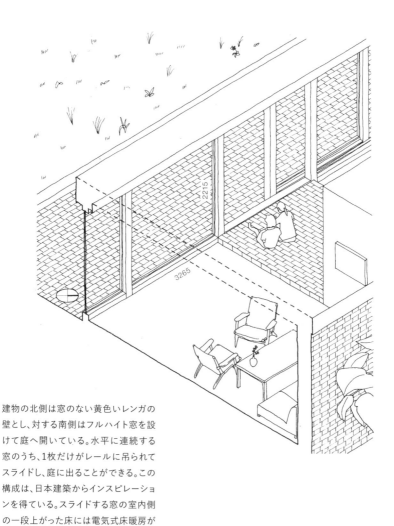

建物の北側は窓のない黄色いレンガの
壁とし、対する南側はフルハイト窓を設
けて庭へ開いている。水平に連続する
窓のうち、1枚だけがレールに吊られて
スライドし、庭に出ることができる。この
構成は、日本建築からインスピレーショ
ンを得ている。スライドする窓の室内側
の一段上がった床には電気式床暖房が
内蔵されている。

DALSGAARD'S HOUSE (1955)

Dining room

Jørn Utzon

ダルスゴーア邸のダイニング

林の中に建つ平屋の住宅。リビングルームから少し下がった一角が、コーナーウィンドウ、高さ650mmの腰壁、ベンチ、テーブル、ペンダントライトが組み合わされたダイニングになっており、連続する窓から南側にある庭の水平的な広がりを感じることができる。主室の高い屋根と寝室の低い屋根の隙間にハイサイドライトが設けられている。

KINGO HOUSES (1957)

Study

Jørn Utzon

キンゴーハウスの書斎

塀で囲まれた正方形の領域に高さの異
なる壁をL字に配置し、屋根をかけ、その
間を窓にすることでキンゴーハウスは構
成されている。頂部の水切りをともに外
に傾斜した瓦で納めた腰壁と塀の同一
性により、窓を床、塀、屋根に次ぐ第4の
要素として位置づけている。この瓦水切
りの納まりのために、窓は腰壁の室内側に
寄せられ、壁の厚みを感じさせない効果
が生じている。

KINGO HOUSES (1957)

Living room

Jørn Utzon

キンゴーハウスの居間

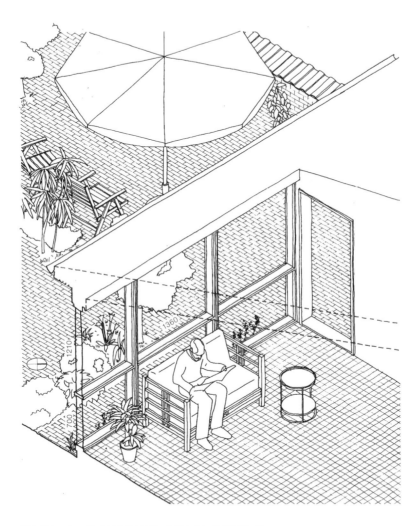

南向きのフルハイトのはめ殺し窓は、中庭の外に広がるランド
スケープを取り込み、床暖房内蔵のタイル床に直射日光を当
てて蓄熱を促す。予算を抑えるため、大判ガラスは使わず、標
準サイズのガラスを桟で接いで二重ガラスとしている。その内
部が結露等で汚れた際は室内から押し縁を外して掃除ができ
るようにネジが正面に露出している。

FREDENSBORG HOUSES (1963)

Kitchen

Jørn Utzon

フレデンスボーハウスのキッチン

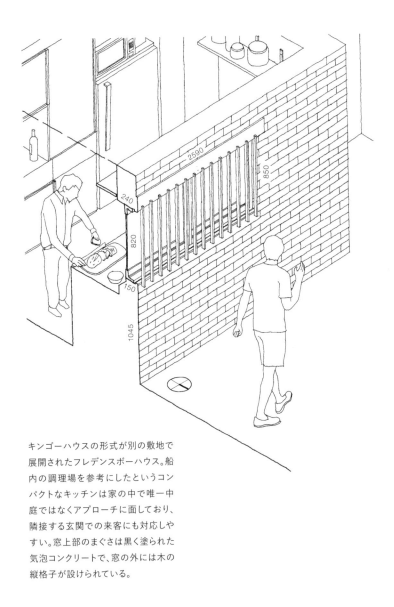

キンゴーハウスの形式が別の敷地で
展開されたフレデンスボーハウス。船
内の調理場を参考にしたというコン
パクトなキッチンは家の中で唯一中
庭ではなくアプローチに面しており、
隣接する玄関での来客にも対応しや
すい。窓上部のまぐさは黒く塗られた
気泡コンクリートで、窓の外には木の
縦格子が設けられている。

CAN LIS (1973)

Jørn Utzon

キャン・リス

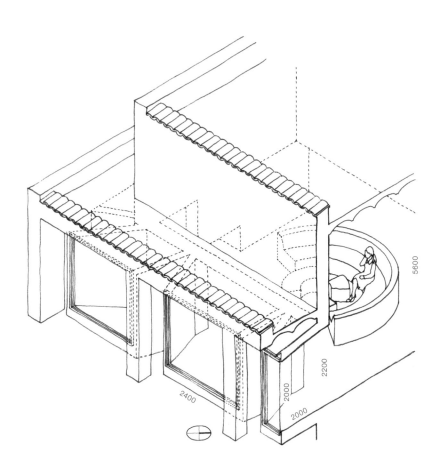

スペイン、マヨルカ島にあるウッツォンの別荘。居間から異なる方角
に放射状に広がる壁によって、5つの窓が設けられている。崖上で強
風に曝されるこれらの窓は、外壁にかぶせるように固定されたはめ
殺し窓で、その外にロッジアがある。広間よりも明るい光のたまりに
なる窓は、室内の映り込みや、枠なしに、ただ地中海を切り取る。ソ
ファからの眺めは、窓の中心に水平線が来て、空と海に二分される。

Photo: Hélène Binet

BAGSVÆRD CHURCH (1976)

Nave

Jørn Utzon

バウスヴェア教会の身廊

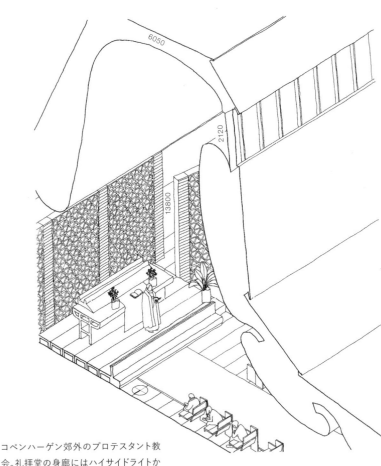

コペンハーゲン郊外のプロテスタント教
会。礼拝堂の身廊にはハイサイドライトか
ら取り入れた光が白く塗られた曲面コン
クリートスラブの重なりから溢れ、表面を
つたって降り注ぐ。スラブの膨らみが窓ガ
ラスを隠しているため、空間の輪郭はや
わらかく光の中に溶けている。窓が消え
て光だけが残る。

BAGSVÆRD CHURCH (1976)

Aisle

Jørn Utzon

バウスヴェア教会の側廊

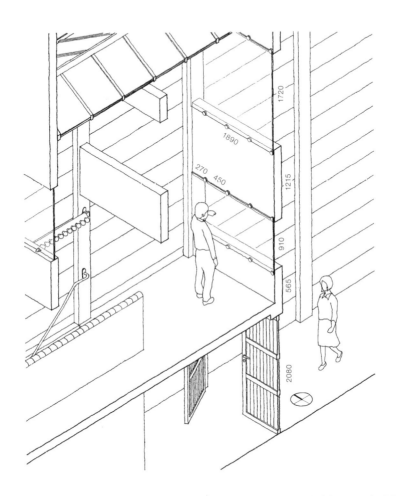

廊下から側廊部2階への視覚的連続性と、気積の分割を両立させるために、梁と梁の間をガラスで塞いでいる。ガラスは階下の廊下から見えないように、側廊側から留め具により固定されており、この方法は彼がレヴェレンツの教会から学んだと言われている。

UTZON CENTER (2008)

Hall

Jørn Utzon

ウッツォンセンターのホール

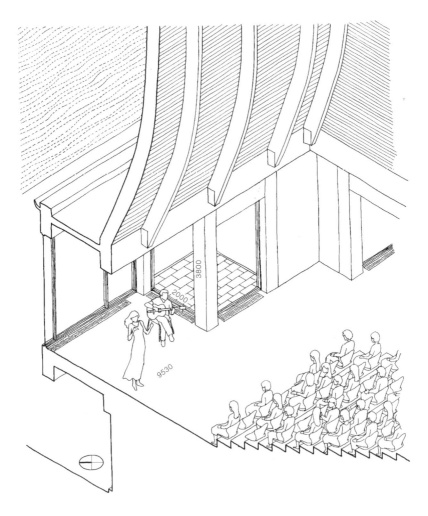

海に面したホールには三面にベイウィンドウが設けられて
おり、港を一望できる。窓のまわりにロッジアで影をつくり相
対的に海を明るく見せている。これはキャン・リス(p.276)で
も試みられた眺めの建築的表現である。コンサート時には
収納されていた観客席が現れ、ベイウィンドウはステージへ
と変化する。

LOUISIANA
MUSEUM OF MODERN ART (1958)
Corridor

Vilhelm Wohlert, Jørgen Bo

ルイジアナ美術館の廊下

庭園の中を巡りながら作品を鑑賞できる海沿
いの丘に建つ美術館。黒く塗られた木の列柱
と板ガラス、レンガの床と木天井で構成され
た渡り廊下が地形に沿ってわずかに傾斜しな
がら、徐々に建てられていった複数の棟をつな
ぐ。この渡り廊下は、さながら庭園の中を歩き
回ることができるように拡張された窓のようで
ある。庭園との間を行き来できるよう、ガラスの
引き戸が数か所設けられている。

LOUISIANA
MUSEUM OF MODERN ART (1958)

Giacometti hall

Vilhelm Wohlert, Jørgen Bo　　ルイジアナ美術館のジャコメッティ・ホール

黒く塗られた木の方立の間にガラス
をはめた、幅8m高さ5.5mの大開口。
針金のように細いジャコメッティの人
型彫刻は、群像やシルエットとして現
れることで、属人性を超えた人間とい
うものを思い起こさせる。眼下に広が
る池とそこに枝垂れる柳を背景とする
ことで、シルエットはさらに強調され、
自然と対比される。

窓のユニット化・脱ユニット化

千葉大喜

デンマークの3人の建築家、フィスカー、ヤコブセン、ウッツォンについて調査をする中で、積層型集合住宅やテラスハウスといった建築における窓を含んだユニットの反復がスウェーデンやフィンランドにはない特徴としてみられた。反復されるユニットには、当時のライフスタイルや窓の生産体制といった社会背景が投影されているが、各建築家が活動した時期が違うため、窓のデザインのリレーのようにコレクティブな展開として捉えることができる。

積層型集合住宅の窓とバルコニー：
カイ・フィスカー

カイ・フィスカーは生涯で多くの積層型集合住宅を手がけ、デンマーク王立芸術アカデミーで研究も行った。その内容は、コペンハーゲンに首都が移った1443年から研究当時1936年まで

に建設された積層型集合住宅について、材料構法、設備、室構成の分析から、その類型の変遷を論じるというものだった。ここでは特に、窓との関係が深いバルコニーについての研究と提案を紹介する（図1）。

コペンハーゲンに首都が移った当時、積層型集合住宅はハーフティンバー造で建てられており、屋外の階段が各住戸への動線で、通りの反対側の中庭には共有の汲み取り式トイレ、洗濯場、薪置場などがあった。1596年に都市の防御のため城壁が建設されたが、都市が繁栄し人口が増えると、城壁内はたちまち積層型集合住宅で鮨詰め状態となった。まもなく大火によって都市の大半が焼き尽くされたため、以降は不燃化のため建物をレンガ造でつくり、階段を屋内化しなければならなくなった。しかし二度目の大火が起こり階段室が燃えたことで多くの犠牲者が出たことから、二方向避難ができるように副階

年代		1400	1700		1800		1850	1900
背景	危機		・ペスト	・天然痘 ・第一大火	・第二大火		・コレラ	・結核
	社会	・コペンハーゲン遷都 ・城壁建設		合計特殊出生率ピーク=4.53人→			・上水道 ・下水道 ・城壁解体	
	制度		・条例：レンガ組積造	・条例：副階段		・建築基準法制定 ・道路拡張 ・建ぺい率の引き下げ		
住戸類型		1	2	3			4 5	

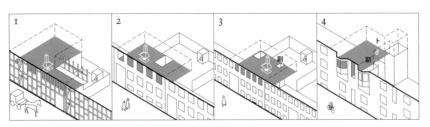

図1 デンマークの集合住宅のタイポロジーの変遷

288

段の設置が義務づけられるようになった。19世紀中盤には産業革命の影響を受け、工場や鉄道が建設されるようになり、都市へと人口がなだれ込み、城壁内が過去最高の人口密度となった。その結果、居住環境が悪化しコレラが流行した。当時は瘴気説、つまり、汚れた水や空気が病気の原因であると考えられていたため、空気の新鮮な城壁外での住居の建設が許可され、空気の流れを良くするため建ぺい率が引き下げられ、上水道が整備された。19世紀後半には結核が流行し、ドイツの医師コッホによって細菌が原因であることがわかると、公衆衛生という概念が広まり、下水道が整備され、各住戸に水洗トイレが付くようになった。1893年にはデンマーク人医師ニールス・フィンセンの、日光が細菌を非活性化するという発見により、日光への期待が高まり、バルコニーを有した積層型集合住宅が少しずつ建てられるようになった。

第一次世界大戦中デンマークは中立を守ったが、難民の移住のため住宅が不足する中、社会不安から民間で積層型集合住宅を建てられなくなったため、国営住宅基金が設立され（1916）、街区単位の大規模建設が始まり、1927年まで続いた。この時期にデビューしたカイ・フィスカーはガスコンロ、セントラルヒーティングといった、新しい設備を有した積層型集合住宅を手がけ、中産階級の住環境の近代化に貢献した。この間、贅沢品であったバルコニーはつくられなかったが、戦後に経済が回復すると、もはや中庭のトイレや薪置場へ降りる動線ではなくなった副階段に替わり、新しい避難経路としてバルコニーが認められるようになり、爆発的に普及した。この時は通りと中庭の両側にバルコニーを有することが副階段免除の条件であったため、ストアゴーデン集合住宅（p.220、図1-6）では建物全体にバル

<table>
<tr><td>1910</td><td>1920</td><td></td><td>1930</td><td>1940</td><td>1950</td></tr>
</table>

・第一次世界大戦　　　・世界恐慌　　　・第二次世界大戦
・終戦、スペイン風邪　　　　　　　　　・終戦

・水洗トイレ、ガス、セントラルヒーティングの普及
・住宅基金

両側のバルコニーで副階段免除→・　　　・戦中は副階段免除、鉄使用制限
・トイレ設置命令　　　　　　　　　　片側のバルコニーで副階段免除→・

5
6
7
6
8

[凡例]　副: 副階段　ト: トイレ　両: 両側バルコニー　片: 片側バルコニー

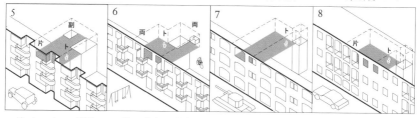

| Vestersøhus, 1939 | Storgården, 1935 | Stefansgården, 1944 | Dronningegården, 1955 |

コニーが取り付いていた。また、副階段を有する古い住戸類型ではあるが、フェスター湖通りの集合住宅（p.222、図1-5）のコーナーウィンドウと掘込みバルコニーの組み合わせは、以降の世代に多大な影響を与えた。第二次世界大戦中にはナチスドイツの占領を受け、鉄の使用が制限されたため、バルコニーはつくられなくなり、また副階段も一時的に免除された。フィスカーはステファンスゴーデン集合住宅（図1-7）で、まぐさに使える鉄が少なくなったものの、窓を小さくはしたくなかったため、レンガによるアーチで大きな開口を支え、この方法は後にドロニングゴーデン集合住宅（p.226、図1-8）に応用された。第二次大戦後には、片側のバルコニーでも副階段が免除されるようになり、バルコニー設置の敷居が下がったため、ほとんどすべての積層型集合住宅がバルコニーを有するようになった。

このように、フィスカーをはじめとする建築家による住戸類型にバルコニーを適合させる試みがなければ、そこで植物を育てたり、家具を置いて食事をする人々が、現在のコペンハーゲンの景観の一部となることはなかっただろう。コロナ禍では特に人々の息抜きの場所になっていた。

窓のプロダクト化：アルネ・ヤコブセン

ヤコブセンはプロダクトデザイナーとしての顔をもち、学校や市庁舎などの大きなプロジェクトになると作品ごとに家具や照明などをデザインし、工場での大量生産をできるようにした。窓も工場生産される製品のひとつであり、プロジェクトごとにデザインした窓を大量生産していた。ここでは、彼がいかにして、窓の製品としての側面を展開させたのかを見ていきたい（図2）。
ヤコブセンは1920年代に郊外の戸建て住宅で

1920's
レンガ組積造

作品例
・ワンデル邸（1927）

1930's
鉄筋コンクリート造

作品例
・ステリングビル（1937）
・オーフス市庁舎（1942）

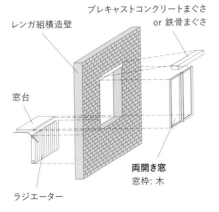

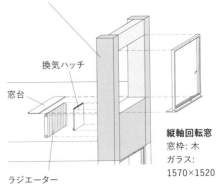

ワンデル邸 (1927)

スラレド市庁舎 (1942)

図2 ヤコブセンによる窓のユニット化

建築家としてデビューした。伝統的なレンガ組積造の住宅に、木製窓を使用していたが、徐々にスチールサッシの大判ガラスを使用するようになり、また大きな開口を支えるため、鉄骨やプレキャストコンクリートをまぐさに用いるようになった。また、結露が発生してしまうので窓台下に鉄製の換気ハッチを設けた。

1930年代後期より、ヤコブセンは中層の建物で当時国内で許可されて間もない鉄筋コンクリートを使用した。スラレド市庁舎（1942）では、開閉が容易な縦軸回転窓と換気ハッチを柱間ごとに反復した。この時の換気ハッチは外気が十分に暖められるように、ラジエーターに沿った縦長なものに進化した。

戦後になると米国による復興援助計画マーシャル・プラン(1948)が実施され、その資金を使って生産性向上委員会が設立され、建築生産の合理化とコストの削減が推進された。特に重点が置かれ

ていたのが、外壁のプレファブ化である。亡命していたスウェーデンから戻ったヤコブセンは、この流れに与しつつ独自の表現を模索した。低層、中層の住宅・集合住宅では、プレファブ化された木製パネル外壁とレンガ組積造の壁を組み合わせたスケルトンインフィルによる建築を設計した。この方式では壁に穴を穿たないので、まぐさが不要であり、鉄の使用を抑えられた。ベルビュー・ビーチに建つ集合住宅のスーホルムⅢ（1954、p.244）では、眺望のための大きなペアガラスのはめ殺し窓、ルーバー付きの換気窓を窓の上部に組み込んだ。窓がそもそももっていた役割を、眺望と換気に分けて各製品をそれに特化させたと言える。腰壁パネルも、外装の強化繊維セメント板、断熱材のロックウール、内装のパーティクルボードからなり、窓と同じように、工場生産され、現場で組み立てられた。

中層、高層の公共・商業建築では、積極的にカーテンウォールが用いられた。レズオウア市庁舎

1950's

レンガ組積造

作品例
・スーホルムⅠ（1950）
・ムンケゴー小学校（1956）

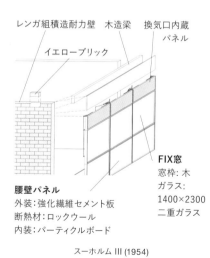

レンガ組積造耐力壁　木造梁　換気口内蔵
パネル

イエローブリック

FIX窓
窓枠：木
ガラス：
1400×2300
二重ガラス

腰壁パネル
外装：強化繊維セメント板
断熱材：ロックウール
内装：パーティクルボード

スーホルム Ⅲ (1954)

鉄筋コンクリート造

作品例
・ジェスパーセン社（1955）
・SASホテル（1960）

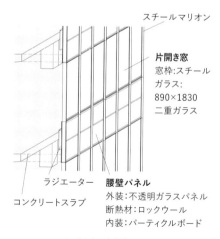

スチールマリオン

片開き窓
窓枠：スチール
ガラス：
890×1830
二重ガラス

ラジエーター
コンクリートスラブ

腰壁パネル
外装：不透明ガラスパネル
断熱材：ロックウール
内装：パーティクルボード

レズオウア市庁舎 (1956)

（1956）では、鉄の方立の間にペアガラスの片開き窓、外装にガラスを用いた腰壁パネルを設けた。

腰壁が薄くなるのにともない窓台がなくなり、二重サッシの間を温室にするということもなくなった。しかし、デンマーク国立銀行（p.262）やSASロイヤルホテル（p.250）ではトップライトの下を温室にするなど、植物を飾るための場所を壁際から切り離して自由に配置するようになった。

このようにヤコブセンは建築生産の変化に合わせて、換気口、腰壁といった窓まわりの要素を窓と同じ部品として組み立てられるようにプレファブ化し、プレキャスト壁システムの先鞭をつけたと言える。しかし、窓が技術の集約によって反復しやすくなった反面、窓は単純で均質なものとなり、人や植物の寄り付く余白をもたなくなったとも言える。こうして、彼と彼の同年代の建築家たちによって窓は産業社会的連関へとつなぎこまれることになった。

民族誌的連関への再挑戦：ヨーン・ウッツォン

最後に登場するウッツォンは、伝統主義からも機能主義からも距離を取り、世界各地の地域に根ざした建物に内在する知性を、近代的な技術で解放するという民族誌的な連関と産業社会的な連関をハイブリッドさせるアプローチを取った。彼は戦時中にアカデミーを卒業し、1945年に建築家として活躍を始め、「今日の建築における潮流 (Tendenser i Nutidens Arkitektur)」(1947)で次のように述べた。

「建築の発展を振り返ってみるなら、前世紀が終わるまで建築家は、テクノロジーのゆっくりした発達と歩調を合わせた伝統にあって仕事をしてきた。そしてテクノロジーの発達は生活のゆっくりした進化のスタイルとも歩調を合わせていた。30年代には建築家は実直な機能主義のプログラムを手に入れ、これは眩惑的な技術の発達や、それに対する彼らの情熱、そしてそれらによって根底的に変わったライフスタイルから出てきたものだった。40年代はしかしながら、手がかりがまずない。我々の時代はその表現をいまだ見出しておらず、技術にも芸術にもそしてライフスタイルにもそれはない。と言うのも発展は変わることなく続いており、30年代とは反対に明快な方向性を見出し得ず、とはいえ予測不可能な可能性は望み続けているのである」[＊1]

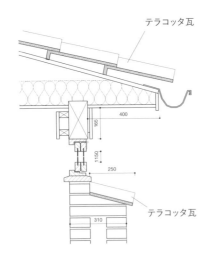

テラコッタ瓦

400

165

1150

250

テラコッタ瓦

310

図3 キンゴーハウス (1957) における塀と屋根の関係、断面詳細図 (1/20)

彼は機能主義に行き詰まりを感じ、自然物の形態やヴァナキュラーな建物に、建築の形態原理を求め、アジアへと旅をした。各地でスケッチを残しており、中国の寺院を描いたスケッチには、地面から少し上がった水平な床と、その上に浮かんだ重厚な屋根だけが描かれている。旅のスケッチには人々がその建築をどのように経験するかが表現されている。

彼が手がけたテラスハウスでは、建築全体の経験の中にどのように窓が位置づけられているかが読み取れる。キンゴーハウス（p.270）はまず、塀で囲われた正方形の基壇を、地形に合わせてつなげることで、囲われた共有の庭を形成し、それに面する塀を低くして眺めを確保している。次に、各正方形の中にも塀を設けてその上にL字の屋根をかけ、塀と屋根の間に窓を設けることによって、ランドスケープと建築が、塀と屋根の素材によってひとつの風景に統合されている（図3）。このように、彼は窓の周りの壁、床を大地の連続、屋根を天との接続と捉えることに創造性を見出し、窓をその関係性によって生じるものとして位置づけている。これは窓をプロダクトとして捉えたヤコブセンとは対照的である。同時

期の自邸（p.266）では、1枚の長いレンガ壁を立て、その南側に沿って床と水平の屋根をかけ、木の柱間に窓ガラスがはめられており、内外が床により連続している。

キャン・リス（p.276）では、マヨルカ島のライムストーンで壁をつくり、プレキャストのコンクリートまぐさを導入することによって開放性を高めるという、ハイブリッドが生み出された（図4）。

バウスヴェア教会（p.278）では、水平な床の上に曲面のコンクリートシェルが折り重なり、その隙間から差し込む光をやわらかく反射し空間を光で満たしている。積雲から光が漏れる様子がここには再現されており、いわゆる窓はコンクリートシェルに隠れて見えない。

このようにウッツォンの窓はむしろ直線的な工業化からの逸脱であり、各地域に特有の建築や風景の体験を窓に召喚することで、民族誌的連関へのつなぎ直しをはかった。

以上、デンマークの3人の建築家の実践した窓を通して、社会背景との衝突が産んだ創造性を見ることができた。

*1 ケネス・フランプトン『テクトニック・カルチャー』松畑強・山本想太郎訳、TOTO出版、2002年、pp.340–342

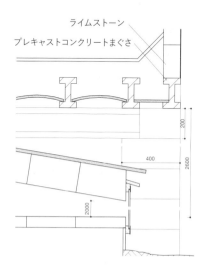

ライムストーン
プレキャストコンクリートまぐさ

図4 キャン・リス（1973）のプレキャストコンクリートまぐさ、断面詳細図（1/25）

本書のベースとなった調査研究「民族誌的連関と産業社会的連関に
またがる窓」の報告書。左から、フィンランド編（2016）、
スウェーデン編（2017）、デンマーク編（2018）

WINDOW'S PROBLEM,
WINDOW'S PLAYGROUND

結び: 窓の問題、窓の遊び場

巻末資料

参考文献
調査地・調査メンバー
掲載建築リスト

建築家の窓に向き合う

　20世紀初頭の北欧3国の建築家による建築作品を初期から晩期まで辿り、窓のデザインに込められた配慮や気遣いの違いを見てきました。アスプルンド、レヴェレンツ (1985) からウッツォン (1918) まで出生年には30年強の差があり、アスプルンドは第二次世界大戦前に亡くなっていることは、工業化が進んだ時代だけに、彼らのデザインした窓を比較する上で無視できないことは確かです。しかし産業革命以前からずっと人間社会とともにあった窓の歩みはゆるやかで、年代によって異なる利用可能な技術や材料によって一気に更新されたとは言い難く、かといって各国の文化・習慣や、建築家の個性に還元できるとも言い難い——気候風土に即した生活様式を支え、街並みを整えてきた窓だからこそ、異なる事物の連関を調整機構として、工業化、産業社会への転換を受け止めてきたと言えるのではないでしょうか。その上で建築家の窓を比較してみると、どの事物との関係に優先順位が与えられているかにより、その特徴を捉えることもできそうです。それは、建築家の比較においてだけでなく、各建築家のキャリアの中にも現れる違いです。

反復 — 逸脱、破れ目

　アスプルンドの場合、一つひとつの窓は自然要素のふるまいや人のふるまいといった事物との連関の中に位置づいているだけでなく、同じ建物の他の窓との関係性においても位置づいています。反復される同型の窓と、反復のリズムから少しだけ逸脱したり、定型から歪んだ窓が、互いの存在を認め合うように配置され、窓の背後にある室が指示する使用やふるまいまで含めた差異と同一のシステムを編み上げます [スネルマン邸 (p.44)、カール・ヨーハン小学校 (p.62)、ストックホルム市立図書館 (p.68)、イェーテボリ裁判所 (p.74)]。アスプルンドの反復における逸脱は、違反の責めを負うものではなく、むしろ反復の柔軟さを示すものとして愛され、逆に反復の変わらなさは逸脱によって受容されているようです。この反復—逸脱が日常性に捧げられているとするなら、アプローチ正面の入り口、廊下の突き当たり、切妻屋根の先端、屋根の頂部など、建築計画上の特異点に配置さ

図1　リステール州立裁判所(アスプルンド)

図2　聖ペトリ教会(レヴェレンツ)

れた大型で異形の窓は、それを破るものであり、そこには日常性では測れない象徴の次元が顔をのぞかせます（図1）。反復と破れが直接衝突するのではなく、そこに逸脱が含み込まれているあたりに、正統なのに偉そうでなく、やわらかく、お茶目で、かわいく感じられる、アスプルンドの窓の秘密があるのではないでしょうか。

様式の不在

　森の墓地をアスプルンドと共同で設計したレヴェレンツの真骨頂は、古典建築にもヴァナキュラー建築にも認められる窓の反復を、3部構成やシンメトリーといった様式的な構成秩序の下位構造の位置づけから解放し、むしろ階層がなくなって様式性が消えるところまで徹底させるところです［社会保険庁（p.92）、ローイングクラブ（p.88）］。またレンガやコンクリートの壁に穿った穴をガラスで塞ぐブラケット＋シール留めの納まりは［聖ペトリ教会（p.104）、フラワーキオスク（p.102）］、人の化粧が目や唇などの縁に集中するのと同じく、装飾が集中し様式化されてきた窓枠をなくす工夫です（図2）。要素の配列の広がり（統辞的側面）、要素の種類の広がり（範列的側面）どちらにおいても様式の不在に独特の詩情が漂うところに、レヴェレンツの窓の秘密があるのではないでしょうか。

窓によるスケールの分節

　写真とパースペクティブ・ドローイングから想像するしかないのですが、1930年のストックホルム博覧会の仮設のパヴィリオン群は、森に囲まれたフィヨルドの水辺に、目が覚めるように軽やかで透明な、白いモダニズムの建築として実現されていました（図3、4）。アスプルンドはその主任建築師でしたが、その後の作品には同様の表現を用いませんでした。おそらく、ストックホルム博覧会にもっとも近い雰囲気を今に伝えているのは、弱冠35才のアアルトが設計し1933年に完成したパイミオのサナトリウム（p.144）でしょう。華奢なスチールのフレームで大判ガラスを支え、カラフルなオーニングで日射を制御する窓まわりの構成は、博覧会建築にぴったりの祝祭性を備えています。それまでの古典主義的な表現か

図3　ストックホルム博覧会、1930年
（出典：Svensk Form）

図4　ストックホルム博覧会、アスプルンド
設計のレストラン「Paradiset」（奥）と
レヴェレンツ設計の広告塔（所蔵：ArkDes）

ら、一気にモダニズムの表現へとアアルトを後押ししたのは、サナトリウムというビルディングタイプでした。抗結核薬が開発される前の結核治療は、工場の煤煙による大気汚染の及ばない山中や海岸沿いに逗留して回復を待つ転地療法に頼っていました。そのための医療サービス付きの宿泊施設は、もちろん富裕層向けですが、日光浴ができる大きなバルコニー、日射を内部に取り込む大きな窓、そして衛生的な白を求めたので、モダニズムの標榜する開放性、透明性との相性が良かったのです（図5）。人では動かせないほど重い大ガラス窓の開閉にアアルトは手動のチェーンブロックの機構を応用し、外の新鮮な空気を少し暖めて取り込めるよう、内側を開ければ連動して外側も開く二重窓を開発するなど、鉄の使用を前提にさまざまな機械仕掛けを試みています。しかし、大ガラスや鉄製の窓枠は冬季の結露、凍結、コールドドラフトという、寒冷地の洗礼を受け続けたからでしょうか、その後のアアルトはガラス張りのカーテンウォールには向かわず、開口部の壁の厚みで光と戯れ、窓台で植物や家具を引き寄せ、枠の見込みで換気を確保するなど、窓に多様な配慮を重ね続けました。コンサートホールや図書館、オフィスビルなど規模が大きくなっても、リビングルームのような居心地の良さが続いていくアアルト建築の秘密は、窓がもたらすスケールの分節と、窓が集める光、風、熱、緑などのふるまいへの配慮と気遣いにあるのではないでしょうか。

窓のユニット

　コロナ禍では集合住宅のバルコニーが息抜きの場として見直されましたが、コペンハーゲンの集合住宅のバルコニーのルーツを辿ると、19世紀半ばの工場労働人口の急増、都市の衛生状態の劣化とコレラの流行、旧市壁外への市域の拡大、度重なる火災に対抗する避難動線の確保など、さまざまな要因の絡み合いの中から生まれ、定着してきたことがわかります。フィスカーは社会的情勢と集合住宅というタイプの相関を系譜学的に研究しながら、当時避難上有効な要素として導入されたバルコニーの、積層型集合住宅における位置づけを考案しました。バルコニーは避難上の解決ではありますが、掃き出し窓の前に取り付くと、手すりが眺めを損ねかねず、下階の窓に影を落としてしまうなどの問題も生みま

図5　パイミオのサナトリウム（アアルト）　　図6　フェスター湖通りの集合住宅（フィスカー）

す。そこでフィスカーはバルコニーに出るドアを中心に、腰壁の低い大きな窓とバルコニーを左右に振り分け、これをユニットとして反復することで立面を構成しました（図6）。冬でも天気が良ければ外壁が背中を暖めてくれるのでバルコニーで時間を過ごせます。窓とバルコニーが互いの価値を損ねることなく、良さを引き出し合うこのユニットは、他の建築家やヤコブセンにも引き継がれて洗練されていきました。

　ヤコブセンは家具や照明などのプロダクトデザインでも活躍しましたが、建築自体においてもプロダクト化を進め、今回取り上げた6人の中で、最も工業化に積極的でした。あまり有名な作品ではありませんが、レンガ造の切妻兵舎のような長屋に、大きなガラス窓と白い壁が特徴的な矩形のヴォリュームが割り込むイブストラップパークンI集合住宅（表紙、p. 240）では、慣れ親しんだ集合住宅の佇まいと近代的な建築の佇まいが対比されて、モダンな暮らしや工業化は窓から、というメッセージが読み取れます（図7）。

　フィスカー、ヤコブセンが建築のつくり方としてユニット化を志向した背景には、都市化、工業化の推進がありました。これに対しアスプルンドとアアルトの元で働き、1950年に自身の設計事務所を設立したウッツォンは、地域的な建築のあり方に学びながら、工業素材を持ち込んでこれを現代的な条件に合わせて再解釈する建築をつくりました。キャン・リス（p.276）が建てられたマヨルカ島には、ヴォールト型の窓のない農業倉庫がいたる所に建てられています。これを気に入ったウッツォンは、同じライムストーンのブロックを使って開放的な建築をつくるために、プレキャストコンクリートのまぐさを島外から持ち込み大きな開口を可能にしました（図8）。特に中庭を囲むロッジアにその開放感が良く表現されています。工業的な材料をひとつだけ導入することで、島で完結していたヴァナキュラー建築の事物連関を更新し、そこに内蔵されている知性を召喚したこの一手は、反復にも耐えるユニットでありつつ、民族誌的連関と産業社会的連関の対比的な衝突ではなく融合を実現しており、まさにハイブリッドと言えるものです。デンマークの3人の建築家は、年齢が少しずつずれており、3人合わせると115歳生きたことになります。彼らが相対するのではなく、地域性や工業化についての問題意識を共有し、リレーするように窓の探究を続けてこられた秘密は、彼らもまた「ヒュッゲ」を愛するデンマークの生活者であったからではないでしょうか。

図7　イブストラップパークンI集合住宅
（ヤコブセン）

図8　キャン・リス（ウッツォン）

窓固有の問題に向き合う

　このように建築家ごと、国ごとに窓の特徴を語ることができる一方で、建築家の違いを超えた類似や、共通の問題に向き合った上での差異も認められます。それは窓に固有の問題に対する地域別、時代別の解答であると考えることができます。窓に固有の問題は、窓を介して引き起こされるさまざまな要素のふるまい、すなわち人のふるまい、光や風のふるまい、街に対する窓のふるまい、に対する配慮や気遣いに分解することができますが、そのそれぞれは、文化慣習、物理現象などに基づいており、個人の勝手で変更できない不変な性格をもっています。設計する側に属しているというよりは、窓の側に属しているので、時代も地域も越えて共有されうるのです。ふるまいに対する配慮は、重なり合い互いに連動していますが、どのふるまいが注目されているか、優先されているかによって、問題の在りかが変わってきます。ここからは、そうした北欧名建築の窓の問題系ついて、具体的に議論したいと思います。

天窓

　冬の日照時間が短い北欧諸国では、天空光により明るさを確保する天窓がよく用いられます。しかしこの解決はまた別の問題を生むことにもなるので、その解決法の違いによりさまざまな形式が開発されてきました。

　急勾配の寄棟屋根の外形の中に、対比的に内蔵されている森の礼拝堂（アスプルンド、p.52）のドームは、ローマのパンテオンを彷彿とさせますが、光の扱いは対照的です。パンテオンでは天頂の穴（オキュルス）からの強い光は暗い堂内にカラヴァッジオの絵画のような光と陰影の劇的なコントラストを生み、これに順応できない人間の目は

図9　森の礼拝堂の天窓（アスプルンド）

天井面を実際より暗いと感じてしまいます。一方、森の礼拝堂では寄棟頂部に設けられた天窓から入った光は、ドーム頂部にあるふたつ目の円い天窓で拡散され、ドームの表面を撫でるようにほんのりと照らし、やわらかい光で堂内を満たします（図9）。二重構造はまた、外部に接して冷たくなっている天窓に、直接室内の空気が接して結露を起こさないようにする工夫でもあります。見た目はまったく異なりますが、アカデミア書店ビル（アアルト、p.198）の氷山のような三連のトップライトも、実は同じ配慮を統合したもので、外に対しては山型に上がって雪を切り、内に対しては谷型に下がって天井面を照らすガラス面を、上下に合わせた立体的な天窓です（図10）。ただし、こちらは大判のガラスによるため、内部に人が入れるほどの大きさがあり、清掃やメンテナンス用の通路と照明器具が設けられ、谷のガラス面からのコールドドラフトを抑えるために、天井懐の抱きには温風を当てるスリットが設けられています。ポルト大学建築学部図書館（アルヴァロ・シザ）は、このアカデミア書店の天窓ひとつを壁の高さいっぱいの本棚で囲み、その手前にスロープを回してこの光の塊に近づいたり離れたりできるようにしています。これに対し、レズオウア図書館（ヤコブセン、p.258）では、暗い色に塗られた天井面全体に小型の円形のダウンライトが細かなグリッド状に、中型の円盤状の照明が粗いグリッド状に反復され、さらに本棚や机の反復が途切れる司書の机があるところに、照明を内蔵した円筒状の大型天窓が下に降りてきます。これは天窓によって天井が暗く見えることを逆手に取ったやり方で、大小の星が煌めく「星空」の愛称で呼ばれています（図11）。

　このように天窓は、雨や雪に対する弱点になる問題、開口部と天井面の明るさのコントラストによる目の順応の問題、昼の晴天は太陽の熱と、夜の晴天は空の冷たさとの間の極端温度差の問題など、複数の問題を抱えていますが、それゆえに技術的にも意匠的にも創意工夫のフィールドになっているのです。

図10　アカデミア書店ビルの天窓（アアルト）　　図11　レズオウア図書館の天窓（ヤコブセン）

窓辺

　木々が葉を落とし地面が雪に覆われる冬の北欧はグレーです。少しでも緑を身の回りに置きたいのが人情というもの。緑には日射が必要で、日射には窓が必要です。自ずと窓まわりに緑が置かれることになります。ところが日射を取り入れる窓のガラスは熱伝導率が高く、冬の室内の暖気を外に逃してしまいますし、ガラスの表面を滝のように降りてきた冷気は、床に達すると横に流れ部屋内に向かいます。これを抑えるために、室内側のガラス表面を暖めるラジエーターが窓の前に置かれることになります。ラジエーターの熱をためやすいのは、腰壁のある窓です。腰壁の高さは自由ですが、人のふるまいを考えると絞られてきます。膝下の高さに抑えればベンチ、股下の高さに抑えれば机の寸法になります。家具が設えられれば、それが治具となり、人のふるまいが引き付けられます。このように窓に集まる、光、熱、風、植物、人のさまざまなふるまいへの気遣いが、窓辺のあり方を決めると言えます。

　家の中で植物の育成を促すには、葉に日射を当てるだけでなく、下から土を温めるのが良いようです。ヴィトレスクのフラワールーム（サーリネン、p.134）や、アアルト自邸（アアルト、p.154）は、ラジエーターの上に植栽用の棚を置き、植木鉢の土を下から温めて根の発育を促すものです（図12）。カイ・フィスカーの事務所（フィスカー、p.224）は、これを二重窓の間に仕込んでソラリウムとしています。これらは、植物のふるまいへの気遣いが形になった窓辺です（図13）。

図13　フェスター湖通りの集合住宅、
事務室窓辺のソラリウム（フィスカー）

図12　アアルト自邸、
植物の窓辺（アアルト）

図14　カール・ラーション自邸のダイニング
（ラーション）

食事の時は、テーブルの上の料理や会話に意識が集中し、背中への意識が留守になります。だから席の後ろに人が動く気配があると落ち着いて食事ができません。この問題に対して、カール・ラーション自邸（ラーション、p.36）やダルスゴーア邸（ウッツォン、p.268）では窓を背に座って食事するダイニングセットが設えられています（図14、15）。窓の中心軸にテーブルの中心と、ペンダントライトの位置を合わせ、複数人が向き合う中心が広い部屋の一隅につくり出されます。ダルスゴーア邸ではさらに、角に周り込む窓の窓台がテーブルと同じ高さに設定され、外の風景へと食卓がもち出されます。ペンダントライトの周りに照らされた顔が窓越しに外から見える窓辺ほど、暖かい気持ちにさせてくれる光景はありません。

　窓辺に座ることは、冷たいガラスのそばに身を置くことでもあります。ヤコブセン夏の家（ヤコブセン、p.236）では、北向きの窓からの眺めを背にして、暖炉を脇に抱えるように座るソファが（図16）、セイナッツァロ村役場の廊下（アアルト、p.160）では、南の庭からの日射しの中に腰掛けられるように、窓台から少し隙間を空けたベンチが設けられています（図17）。ラジエーターからの輻射熱はベンチに蓄熱され、また暖気は隙間から上昇してガラスを温めます。窓辺に座るということは、建物の内外の境界に腰掛けるようなもので、そのどちらにもつながっていることのスリルと安心が重なる体験です。聖クヌート・聖ゲルトルド礼拝堂の神父室（レヴェレンツ、p.96）は、窓枠に聖書を納める本棚が組み込まれています。薄暗い部屋の中、窓台に置いた聖書のページを開いて、窓からの光で立ったまま数行読む、静かな時間が想像されます（図18）。

図15　ダルスゴーア邸、
リビングからダイニングを見る（ウッツォン）

図16　ヤコブセン夏の家、
窓辺の暖炉とソファ（ヤコブセン）

図17　セイナッツァロの村役場、
窓に面した廊下のベンチ（アアルト）

図18 聖クヌート・聖ゲルトルド礼拝堂、
神父室の窓（レヴェレンツ）

天窓が寄せ付けない植物や人のふるまいを集めるのが窓辺です。今回訪れた限りでは、植物で溢れる窓辺に人が腰掛ける窓辺は見られませんでした。これはどちらも場所を占めて動かないふるまいなので、どちらかになるのでしょう。これに対し、その場で移りゆく光、熱、風は同時に存在できます。ただし、アジアの蒸暑地域では優勢になる風のふるまいを気遣った窓辺は、北欧ではあまり見られませんでした。

ファサード

　窓ひとつの大きさは、人が開閉操作できる、あるいは運搬できる重さの範囲に収まると考えると、建物全体に対し窓は極端に小さいという公理が成立します。この公理のもとでは、ファサードは壁面とそこに穿たれた窓の集合で構成されるという命題が導かれます。北欧の都市部の街並みを形成してきた建築のファサードは、同形の小さな窓の反復を基本に、入り口まわりなどで大型あるいは異形の窓がこれを破る構成となっています。カールスハムン中学校（アスプルンド、p.50）カール・ヨーハン小学校（アスプルンド、p.62）はその典型と言えます（図19、20）。

図19　カールスハムン中学校（アスプルンド）

図20　カール・ヨーハン小学校（アスプルンド）

図21　ヤコブセン自邸（ヤコブセン）

図22　アアルト自邸（アアルト）

この基準となる構成を、組積造の構造的制約の帰結であると理解し、コンクリートや鉄骨による新しい構法を積極的に導入し、壁で仕切られた窓の反復からのファサードの開放を標榜したのがモダニズム建築でした。住居系の建物ではフロアが多くの小部屋に仕切られるので、窓の構造的制約への挑戦は建物の出隅に現れました。ヤコブセン自邸のダイニング（ヤコブセン、p.228）はレンガによる組積造でありながら、角を鉄骨まぐさと細い鉄管柱で補強し、出隅を開放しました（図21）。アアルト自邸のスタジオ（アアルト、p.156）にも同様の開放された出隅があります（図22）。

　業務系の建物では水平連窓が登場します。トゥルン・サノマットの新聞社ビル（アアルト、p.142）、パイミオのサナトリウムの廊下（アアルト、図23）は、窓の幅を建物の幅に対応させる水平連窓の一早い実践でした。同じパイミオのサナトリウムの食堂（アアルト、p. 148）では、腰壁もやめて壁面のほとんどをガラス開口にしています（図24）。これはアカデミア書店ビル（アアルト、p.196）、エンソ＝グートツァイト本社ビル（アアルト、p.192）に引き継がれて格子に大判ガラスがはめ殺されたファサードになりました。換気や通風への配慮から、前者では銅板葺のグリッド先端にガラリ、抱きに換気窓が組み込まれています（図25）。また後者では大理石で覆われたグリッドの内部に、はめ殺し窓と換気窓が納められています（図26）。

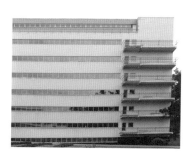

図23　パイミオのサナトリウムの水平連窓
（アアルト）

図24　パイミオのサナトリウムの食堂
（アアルト）

図25　アカデミア書店ビル（アアルト）

図26　エンソ＝グートツァイト本社ビル
（アアルト）

これに対し、社会保険庁（レヴェレンツ、p.92）は窓の反復を技術的に乗り越えるのではなく、逆に反復を徹底して破れをなくすことで、窓の反復を様式から分離します（図27）。イェーテボリ裁判所（アスプルンド、p.74）では、既存の裁判所のファサードの窓の反復と、増築部に用いられた柱梁構造のグリッドを融合させ、基本的には装飾のないファサードを構成しながら、法廷に対応する窓についてはその上部に彫りの浅いレリーフを施して、破れでもなく様式化もしない差異化を施しています。このレリーフはこれまでの、窓の集合としてのふるまいを超えて、反復される窓に重ねられた気遣いの現れです（図28）。その視点から見ると、ストアゴーデン集合住宅（バウマン、p.220）とフェスター湖通りの集合住宅（フィスカー、p.222）の窓とバルコニーのユニットは、集合としてふるまう窓に、人や植物のふるまいへの気遣いを重ねるものと読むことができます（図29）。人や植物のふるまいが壁面全体に配置されるのは、それまでにない新たな都市の現象であったと思われます。

　第二次大戦後になると、カーテンウォールが北欧にも導入されSASロイヤルホテル（ヤコブセン、p.250）などに実現され（図30）、ファサードにおける窓の反復という命題は有効性

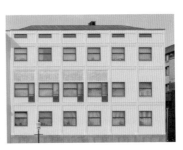

図28　イェーテボリ裁判所、
レリーフのある窓（アスプルンド）

図27　社会保険庁の中庭（レヴェレンツ）

図29　ストアゴーデン集合住宅（バウマン）

を失いますが、それとは別の方法でその命題に立ち向かったのが、復活の礼拝堂（レヴェレンツ、p.90）です。これは床を積層した建築ではないので、オフィスビルと単純に比較するわけにはいかないのですが、長手ファサードに設けられたペディメント部分の窓は、ファサード一面にひとつだけ窓を設けることで、反復がその内容はどうあれ饒舌さに向かいがちであることを無言で批判し、沈黙を貫いているように思えます（図31）。

　この他にも窓に固有の問題は存在するでしょう。そのすべてを指摘することはこの論の目的ではありません。ここで言いたいのは、こうした窓に内在する固有の問題は、現代の日本で暮らす私たちにとっても問題であり続けているということです。その意味で、20世紀初頭の建築家たちと同じフィールドで窓をデザインする機会は失われていないのです。窓の問題というと深刻に響きますが、時代や場所を超えて色々な提案がなされているという意味では、楽しさと広がりのある窓の遊び場と呼ぶ方が良いかもしれません。

図30　SASロイヤルホテル（ヤコブセン）

図31　復活の礼拝堂（レヴェレンツ）

参考文献

SWEDEN ｜ スウェーデン

川島洋一『アスプルンドの建築1885-1940』TOTO出版、2005年

川島洋一「クララ・スクールの経緯とその意義」日本建築学会大会学術講演、1997年

川島洋一「スウェーデンの画家カール・ラーションとナショナル・ロマンティシズム」福井工業大学研究紀要(30)、2000年

川島洋一「グンナール・アスプルンドの作品数について」福井工業大学研究紀要(36)、2006年

川島洋一「アスプルンドの建築作品における歴史観をめぐって」福井工業大学研究紀要(38)、2008年

長谷川清之『北欧 木の家具と建築の知恵』誠文堂新光社、2018年

長谷川清之『スウェーデンの木造民家』井上書院、2006年

スチュアート・レーデ『アスプルンドの建築──北欧近代建築の黎明』樋口清・武藤章共訳、鹿島出版会、1982年

『シーグルド・レヴェレンツ ドローイングコレクション 1+2』ウィルフレッド・ワン編集、『a+u』2016年4月臨時増刊号

Janne Ahlin, *Sigurd Lewerentz: arkitekt*, Byggförlaget, 1985

Elias Cornell, *Ragnar Östberg: svensk arkitekt*, Byggmästarens förlag, 1965

Torsten Gunnarsson and Ulla Eliasson, *Carl Larsson's House: from log cottage to total work of art*, Carl Larssongården, 2016

Gustav Holmdahl et al., *Gunnar Asplund, architect, 1885–1940: Plans, sketches and photographs*, Svenska arkitekters riksförbund, 1950

Peter Blundell Jones, *Gunnar Asplund*, Phaidon Press, 2006

Två Kyrkor, *Sigurd Lewerentz: Two Churches*, Arkitektur Förlag AB, 1997

Carl Larsson, *Ett hem*, Bra Böcker, 1998

Lena Sjöström Larsson and Kerstin Wergeni-Wasberg, *Husets ansikte: en bok om fönster, portar, ytterdörrar*, Akvedukt Bokförlag, 2009

Alf Stenbacka and Eva Stenbacka, *Gamla fönster: renovera, restaurera och underhålla*, Norstedts, 2010

Fönster: projektering, byggande, underhåll, Svensk byggtjänst, 1984

Fönster & balkonger vid ombyggnad, Stockholms stadsbyggnadskontor, 1987

Fönster: historik och råd vid renovering, Riksantikvarieämbetet, 1988

Karl Johansskolan, ed. by Lars Olson, Karl Johansskolan, 1992

Sigurd Lewerentz 1885–1975, eds. by Nicola Flora, Paolo Giardiello and Gennaro Postiglione, Phaidon press, 2002

Zorngården, Zornmuseet, 2017

FINLAND ｜ フィンランド

ヤリ・イェッツォネン、シルッカリーサ・イェッツォネン『アルヴァー・アールトの住宅』大久保慈監修、エクスナレッジ、2013年

伊藤大介「北欧モダニズムの成立に関する総合的研究──フィンランドの教会建築を事例として」科学研究費助成事業、2012〜2014年度

ヨーラン・シルツ『白い机 若い時──アルヴァ・アアルトの青春時代と芸術思想』田中雅美・田中智子共訳、鹿島出版会、1989年

ヨーラン・シルツ『白い机 モダン・タイムス──アルヴァ・アアルトと機能主義の出会い』田中雅美・田中智子共訳、鹿島出版会、1992年

ヨーラン・シルツ『白い机 円熟期──アルヴァ・アアルトの栄光と憂うつ』田中雅美・田中智子共訳、鹿島出版会、1998年

マイケル・トレンチャー『建築ガイドブック アルヴァー・アアルト』平山達訳、丸善出版、2009年

長谷川清之『フィンランドの木造民家──丸太組積造の世界』井上書院、1987年

ケネス・フランプトン『現代建築史』中村敏男訳、青土社、2003年

水島信『アルヴァー・アアルトの空間──建物から建築へ』UNI BOOK、2014年

武藤章『アルヴァ・アアルト』鹿島出版会、1969年

『マイレア邸』(Architecture in detail) リチャード・ウェストン執筆、同朋舎出版、1992年

『GA』No. 24(セイナッツァロの町役場 1950–52／カンサネラケライトス 1952–56) 二川幸夫撮影、1973年

『アルヴァ・アアルトの住宅──その永遠なるもの』吉田信之編集、『a+u』1998年6月臨時増刊号

Alvar Aalto Foundation, *Alvar Aalto Architect, Vol.7: Sunila 1936–1954*, Ram Distribution, 2007

Alvar Aalto Foundation, *Alvar Aalto Architect, Vol.13: University of Technology 1949–1974*, Ram Distribution, 2008

Alvar Aalto Foundation, *Alvar Aalto Architect, Vol.5: Paimio Sanatorium 1929–1933*, Rakennustieto Publishing, 2014

Laura Aalto, *Sähkötalo*, Helsingin Energia, 2005

Lennart Engström, *The Copper Book for Architecture*, Outokumpu Copper, 2002

Karl Fleig, *Alvar Aalto: The Complete Work*, Birkhäuser, 1992

Kenneth Frampton et al., *Alvar Aalto: Between Humanism and Materialism*, The Museum of Modern Art, New York, 2002

Marianna Heikinheimo, *Architecture and technology: Alvar Aalto's Paimio Sanatorium*, Aalto University, 2016

Nina Heikkonen, *Paimio Sanatorium Conservation Management Plan*, Alvar Aalto Foundation, 2016

Raija Jarvela-Hynynen, *The Seurasaari open-air museum guide*, National Board of Antiquities, 1996

Marku Lahtti and Maija Holma, *Alvar Aalto: A Gentler Structure for Life*, Rakennustieto, 2000

Leena Arkio Laine et al., *Alvar Aalto and Helsinki*, WSOY, 1998

Seija Linnanmäki, "Aalto's ideas on air-conditioning─how Finland became a 'Fanland'?", Alvar Aalto Researchers' Network, March 12th–14th 2012, Alvar Aalto Museo

Marika Mäkinen, *Ikkuna-ja oviasennuksen kehittäminen korjauskohteissa*, Tampereen ammattikorkeakoulu, 2012

Jouni Marjamaki, *Hvitträsk: Guidebook*, Museiverket, 2013

Ulf Meyer, *Architectural Guide Helsinki*, DOM publishers, 2013

Juulia Mikkola and Netta Böök, *Ikkunakirja*, Moreeni, 2011

Riitta Nikula, *Wood, Stone and Steel: Contours of Finnish Architecture*, Otava, 2005

Marja-Riitta Norri, *Alvar Aalto: In Seven Buildings,* Museum of Finnish Architecture, 1999

Juhani Pallasmaa, *Alvar Aalto Architect, Vol.6: The Aalto House 1935–1936*, Alvar Aalto Foundation, 2003

Hannu Rinne, *Perinnemestarin tyylikirja: Talon osat aikakausittain 1700–1970*, WSOY, 2016

Erkki Sarkkinen, *Elevating the everyday: the Social Insurance Institution headquarters designed by Alvar Aalto celebrates its 50th anniversary*, The Social Insurance Institution of Finland, 2007

Ikkunaopas, Rakennuskirja, 1985

Alvar Aalto in seven buildings: interpretations of an architect's work, eds. by Timo Tuomi, Kristiina Paatero and Eija Rauske, Museum of Finnish Architecture, 1998

Architecture by Alvar Aalto 17: Rautatalo/Järnhuset, Alvar Aalto Museum, 2011

Architecture by Alvar Aalto 10: The Aalto house, Helsinki, Alvar Aalto Museum, 2012

Architecture by Alvar Aalto 1: Paimio sanatorium, Alvar Aalto Museum, 2015

Architecture by Alvar Aalto 12: House of culture, Helsinki, Alvar Aalto Museum, 2015

Architecture by Alvar Aalto 4: Säynätsalo town hall, Alvar Aalto Museum, 2016

Architecture by Alvar Aalto 11: Studio Aalto, Helsinki, Alvar Aalto Museum, 2018

Architecture by Alvar Aalto 9: The Experimental House, Muuratsalo, Alvar Aalto Museum, 2022

Kun helsinkiin rakennettiin city, Helsingin kaupunginmuseo, 2014

DENMARK｜デンマーク

北欧五ヶ国建設省編『北欧の住宅対策』森幹朗訳、相模書房、2017年

Jesper Engelmark, *Københavnsk etageboligbyggeri 1850-1900*, Statens Byggeforskningsinstitut, 1983

Tobias Faber, *A History of Danish Architecture*, Det Danske Selskab, 1963

Kay Fisker, *Kay Fisker: Københavnske boliger*, Kunstakademiets arkitektskole, 1993

Kay Fisker et al., *Københavnske boligtyper*, Akademisk Arkitektforening, 1936

Sys Hartmann and Villads Villadsen, *Danmarks arkitektur: Byens huse/byens plan*, Gyldendal, 1979

Peter Thule Kristensen, *Arne Jacobsen's Own House: Gotfred Rodes Vej 2*, Realea A/S, 2007

Peter Thule Kristensen, *Arne Jacobsen's Own House: Strandvejen 413*, Realdania By & Byg, 2020

Joachim Lund, "Denmark and the 'European New Order', 1940-1942", *Contemporary European History*, 13(3), 2004

Knud Millech et al., *Danske arkitekturstrømninger 1850-1950*, Naver, 1951

Mogens Prip-Buus et al., *Utzon Logbook vol.1: The Courtyard Houses*, Edition Blondal, 2004

Mogens Prip-Buus et al., *Utzon Logbook Vol.2: Bagsværd Church*, Edition Blondal, 2005

Michael Sheridan, *Room 606: The SAS House and The Work of Arne Jacobsen*, Phaidon Press, 2003

Felix Solaguren-Beascoa, *Arne Jacobsen: Approach to his Complete Works 1926-1949*, The Danish Architectural Press, 2001

Felix Solaguren-Beascoa, *Arne Jacobsen: Approach to his Complete Works 1950-1971*, The Danish Architectural Press, 2002

Carsten Thau and Kjeld Vindum, *Arne Jacobsen*, The Danish Architecture Press, 2001

Kjeld Vindum, *Arne Jacobsen's Own Summer House*, Realdania Byg, 2013

Richard Weston, *Utzon: Inspiration, Vision, Architecture*, Edition Blondal, 2002

Bygningsreglement, Boligministeriet, Den, 1961

The Danmarks Nationalbank Building, Danmarks Nationalbank, 2016

Arne Jacobsen Kubeflex, eds. by Sara Staunsager and Katrine Stenum, Trapholt, 2018

Atlas of the Copenhagen, eds. by Deane Simpson et al., Ruby Press, 2018

調査地・調査メンバー

2016 FINLAND｜フィンランド

9/1–9/7	Helsinki	能作文徳、塚本晃子、正田智樹、浦山咲也子、西村朋也、國澤尚平、田村公祐
9/8	Kotka, Inkeroinen	能作文徳、塚本晃子、西村朋也、國澤尚平、田村公祐
9/9–9/10	Turku	西村朋也、國澤尚平、田村公祐
9/11–9/15	Seinäjoki, Jyväskylä	塚本由晴、西村朋也、國澤尚平、田村公祐
9/16–9/17	Jyväskylä, Lahti	西村朋也、國澤尚平、田村公祐
10/29–10/30	Carrara (Italy)	正田智樹

2017 SWEDEN｜スウェーデン

8/1–8/6	Stockholm, Nynäshamn, Oxelösund, Nyköping, Helsingborg	能作文徳、津賀洋輔、石川彩、橿渕開、土屋瑛衣子、萩尾凌、平尾しえな、藤本将弥
8/7–8/10	Göteborg	土屋瑛衣子、平尾しえな、藤本将弥
	Karlskrona, Ronneby, Malmö, Valdemarsvik, Norsborg	津賀洋輔、石川彩、橿渕開、萩尾凌
8/11–8/13	Lagerhusgatan, Skövde, Falun, Borlänge	土屋瑛衣子、平尾しえな、藤本将弥
	Malmö, Klippan, Lönsboda	津賀洋輔、石川彩、橿渕開、萩尾凌
8/14–8/16	Stockholm, Göteborg	國澤尚平、石川彩、橿渕開、土屋瑛衣子、萩尾凌、平尾しえな、藤本将弥

2018 DENMARK｜デンマーク

8/16–8/20	Hellerup, Copenhagen, Gentofte, Klampenborg	能作文徳、千葉大喜、森脇渉、田中一輝、東松眞、Davina Iwana
	Søborg	田中一輝、東松眞
	Rødovre	能作文徳、千葉大喜、森脇渉、Davina Iwana
8/21	Copenhagen	能作文徳、津賀洋輔、千葉大喜、森脇渉、田中一輝、東松眞、Davina Iwana
	Fredensborg	能作文徳、千葉大喜、東松眞、Davina Iwana
	Helsingør	津賀洋輔、森脇渉、田中一輝
8/22	Bagsværd, Copenhagen	能作文徳、千葉大喜、森脇渉、田中一輝、東松眞、Davina Iwana
8/23	Gudmindrup Lyng	千葉大喜、森脇渉、田中一輝、東松眞、Davina Iwana
8/24–8/27	Skagen, Aarhus, Kolding, Aalborg	千葉大喜、森脇渉、田中一輝、東松眞、Davina Iwana
	Haarby	森脇渉、田中一輝、東松眞
	Herning, Vorbasse	千葉大喜、Davina Iwana
8/28–8/29	Copenhagen, Klampenborg	塚本由晴、千葉大喜、森脇渉、田中一輝、東松眞、Davina Iwana
8/30	Ålsgårde	塚本由晴、平尾しえな、千葉大喜、田中一輝、Davina Iwana
	Copenhagen, Hellebæk	森脇渉、東松眞
8/31	Hellerup, Copenhagen, Holte	塚本由晴、平尾しえな、千葉大喜、森脇渉、田中一輝、東松眞、Davina Iwana

---

図版作成協力: Zain AbuHassan、渕野剛、片山果穂、Yufan Lu、増井柚香子、宮崎陸、越智将人、大山亮、Amena Rahman、笹木聖、Tiziana Schirmer、Linn Stendahl、遠山美幸、呉昭彦、Xinmeng Zhang

掲載建築リスト

建築家名／建築名	建築名(現地語)	竣工年	所在地	掲載頁
SWEDEN ｜ スウェーデン				
オクトルプの農家	Oktorpsgården	17C	Skansen, Stockholm	34
Carl Larsson				
カール・ラーション自邸	Carl Larsson-gården	1889	Carl Larssons väg 12, 790 15 Sundborn	36
Ragnar Östberg				
カール・エルドのアトリエ	Carl Eldhs Ateljémuseum	1919	Lögebodavägen 10, 113 47 Stockholm	40
ストックホルム市庁舎	Stockholms stadshus	1923	Hantverkargatan 1, 111 52 Stockholm	42
Gunnar Asplund				
スネルマン邸	Villa Snellman	1918	Djursholm, Stockholm	44
カールスハムン中学校	Karlshamns Realskola	1918	Karlshamns kommun, Rådhusgatan 10, 374 36 Karlshamn	50
森の礼拝堂	Skogskapellet	1920	Sockenvägen 492, 122 33 Enskede	52
リステール州立裁判所	Listers Härads Tingshus	1921	Valjevägen 23, 294 34 Sölvesborg	56
カール・ヨーハン小学校	Karl Johansskolan	1924	Amiralitetsgatan 22, 414 62 Göteborg	62
ストックホルム市立図書館	Stockholms stadsbibliotek	1928	Sveavägen 73, 113 50 Stockholm	68
ブレーデンベリデパート	Bredenbergshuset	1935	Drottninggatan 50, 111 21 Stockholm	72
イェーテボリ裁判所	Göteborgs Rådhus	1937	Gustavus Adolphus of Sweden Statue, 411 10 Göteborg	74
ステナス夏の家	Stennäs sommarhus	1937	Stennäs, Sandvik	80
森の火葬場	Krematorium på Skogskyrkogården	1940	Sockenvägen 492, 122 33 Enskede	84
Sigurd Lewerentz				
ローイングクラブ	Roddföreningens båthus	1912	Lidovägen 22, 115 25 Stockholm	88
復活の礼拝堂	Uppståndelsekapellet	1925	Sockenvägen 492, 122 33 Enskede	90
社会保険庁	Riksförsäkringsverket	1932	Adolf Fredriks kyrkogata 8, 111 37 Stockholm	92
聖クヌート・聖ゲルトルド礼拝堂 (マルメ東部墓地)	S:t Knut, Gertruds kapell, Östra kyrkogården	1943	Sallerupsvägen Scheelegatan, 212 29 Malmö	94
希望の礼拝堂 (マルメ東部墓地)	Hoppets kappell, Östra kyrkogården	1955	Sallerupsvägen Scheelegatan, 212 29 Malmö	98
フラワーキオスク (マルメ東部墓地)	Skåneblommor, Östra kyrkogården	1969	Sallerupsvägen Scheelegatan, 212 29 Malmö	102
聖ペトリ教会	Sankt Petri kyrka	1966	Vedbyvägen, 264 21 Klippan	104

DENMARK | デンマーク

アルスの農家	Husmandshus fra Dyndved	18C	Kongevejen 100, 2800 Kongens Lyngby	210
ニューハウンの集合住宅	Nyhavn Lejlighed	18C	Nyhavn, 1051 København K	212

Henry Madsen

ダンスクテニスクラブ	Dansk Tennis Club	1925	Rygårds Alle 73, 2900 Hellerup	214

**Peder Vilhelm
Jensen-Klint**

グルントヴィークス教会	Grundtvigs Kirke	1940	På Bjerget 14B, 2400 København NV	216

**Povl Baumann,
Knud Hansen**

ストアゴーデン集合住宅	Storgården	1935	Tomsgårdsvej 70–110, 2400 København	220

Kay Fisker, C.F. Møller

ボードロフ通りの集合住宅	Vodroffsvej 2 Apartment	1929	Vodroffsvej 2A, 1900 Frederiksberg	218
フェスター湖通りの集合住宅	Vestersøhus	1939	Vester Søgade 56, 1601 København	222
ドロニングゴーデン集合住宅	Dronningegården	1958	Dronningens Tværgade 23–45, 1302 København	226

Arne Jacobsen

ヤコブセン自邸	Arne Jacobsens eget hus	1929	2920 Charlottenlund	228
ラウリッツェン邸	Lauritzen hus	1932	2820 Gentofte	230
ベラヴィスタ集合住宅	Bellavista	1934	Strandvejen 419–433/ Bellevuevej 1–7, 2930 Klampenborg	234
ヤコブセン夏の家	Arne Jacobsens eget sommerhus	1938	4573, Højby	236
イブストラップパークン I 集合住宅	Ibstrupparken I	1942	Ibstrupvænget 1–11 and 2–18, 2820 Gentofte	240
スーホルム I	Søholm I	1950	Strandvejen 413/ Bellevuekrogen 20–26 and 2–18, 2930 Klampenborg	242
スーホルム III	Søholm III	1954	Strandvejen 413/ Bellevuekrogen 20–26 and 2–18, 2930 Klampenborg	244
ムンケゴー小学校	Munkegårdsskolen	1956	Vangedevej 178, 2870 Dyssegård	248
SASロイヤルホテル	SAS Royal Hotel	1960	Hammerichsgade 1–5, 1611 København	250
ゲーテ・ワンデル邸	Gertie Wandel hus	1961	2820 Gentofte	252
ニュエア小学校	Nyager Skole	1964	Nyager Vænge 14, 2610 Rødovre	254
レズオウア図書館	Rødovre Bibliotek	1969	Rødovre Parkvej 140, 2610 Rødovre	256

グンナール・アスプルンドによる窓のスケッチ（1905-08）

所蔵：ArkDes

［編者紹介］
東京工業大学 塚本由晴研究室

アトリエ・ワンを貝島桃代と共同主宰する塚本由晴は、数々の建築作品のほか、『ペット・アーキテクチャー・ガイドブック』『メイド・イン・トーキョー』『コモナリティーズ』などのリサーチをまとめた著作、国内外のアート・インスタレーション、東日本大震災の復興を支援する「Archiaid」、千葉県鴨川市釜沼における里山再生プロジェクト「小さな地球」など、多彩な活動を行う建築家である。教鞭を執る東京工業大学では、建築設計、学術論文、都市リサーチなどの幅広い教育研究活動を行っており、本書および既刊の『WindowScape——窓のふるまい学』『WindowScape2——窓と街並の系譜学』『WindowScape3——窓の仕事学』は、研究室の学生とともに世界各地を訪れ調査した成果をまとめたものである。

Window Scape ［北欧編］

名建築にみる窓のふるまい

2022 年9月10日　初版発行
2024 年4月　5日　第2刷

編者　　　東京工業大学 塚本由晴研究室
著者　　　塚本由晴、平尾しえな、塚本晃子、千葉大喜
編集協力　能作文徳、津賀洋輔、東松眞

デザイン　坪井ねね
編集　　　臼田桃子 (フィルムアート社)

発行者　　上原哲郎
発行所　　株式会社フィルムアート社

〒150-0022
東京都渋谷区恵比寿南1-20-6　第21荒井ビル

TEL 03-5725-2001
FAX 03-5725-2626
http://www.filmart.co.jp/

印刷·製本　シナノ印刷株式会社

Copyright © TSUKAMOTO Yoshiharu Lab.
Printed in Japan
ISBN978-4-8459-2015-0 C0052